Monika Wenn
Lade Geld in dein Leben ein

Monika Wenn

Lade Geld in dein Leben ein

Rediroma-Verlag

Bibliografische Information der Deutschen Nationalbibliothek:
Die Deutsche Nationalbibliothek verzeichnet diese Publikation in der Deutschen Nationalbibliografie; detaillierte bibliografische Daten sind im Internet über http://portal.dnb.de abrufbar.

ISBN 978-3-98527-846-6

www.rediroma-verlag.de
25,95 Euro (D)

Inhalt

Vorwort

Auch aus den Steinen, die man uns in den Weg legt, lässt sich Schönes bauen.
(Johann Wolfgang von Goethe)

Dieses Buch ist mein Geschenk an dich. Es ist voller Hingabe geschrieben.

Ich möchte dich ein wenig in mein Leben entführen, um dir die Möglichkeit zu geben, aus meinen Erfahrungen für dich etwas Schönes zu bauen. In meinem Leben habe ich so einige Hürden genommen und mir die Zehen an Steinen wundgestoßen. Hättest du vor Kurzem gefragt, was ich vom Leben erwarte, wie mein Lebensweg weitergehen wird, dann hätte ich sicherlich keine Antwort oder Idee dazu gehabt. Ich hätte nicht gewusst, was ich vom Leben will. Ich hätte dir von meinem Leid geklagt, wie schlimm alles sei und dass andere für mein Leid verantwortlich seien. Überhaupt hätte ich mehr von „man müsste, man sollte und man könnte" berichtet. Geglaubt hatte ich aber nie so richtig daran, dass andere Schuld an meinem Leben seien. Und überhaupt stellte ich mir stets die Frage, ob ich meinen Erfahrungen entrinnen könnte. Schließlich fragte ich mich auch, warum immer von diesem „man" die Rede ist. Ich erzähle dir deshalb davon, weil in diesem Erlebten entscheidende Faktoren enthalten sind, die mein Leben maßgeblich geprägt haben.

Lange Zeit habe ich es schlichtweg für Humbug gehalten, dass genau solche Erlebnisse mir meinen Weg ins Glück erschweren oder erst gar nicht zulassen würden. Es hat beinahe ein Jahrzehnt gedauert, von der Erkenntnis bis zum Annehmen, zum Loslassen bis hin zu positiven Mindsets, die mich erfolgreich werden ließen. Ich befreite mich schlichtweg von den Fesseln der Vorbilder, von den Grenzen des Erlernten und widmete mich den Tiefen des Unbekannten. Ich beobachte, ich hörte zu und ich fing an, die Verantwortung für mein Handeln zu übernehmen. Ich wollte nicht mehr gelebt werden, ich wollte leben. Bis zu dieser Entscheidung fühlte ich mich wie eine Marionette, die nur reagierte, aber nicht agierte.

Ich wachte auf, ich erinnerte mich an mein Ziel, ein Buch zu schreiben. Ein Gedanke, der mich nie so richtig losließ, aber durch die Fäden der Schuldzuweisungen verwickelt war.

Noch mehr wollte ich den Austausch mit Gleichgesinnten und das Philosophieren mit Andersdenkenden. Und so begann ich mit der Arbeit, die dem Ruf folgte.

Wenn du nicht aufhören kannst, darüber nachzudenken, hör nicht mehr auf, daran zu arbeiten.
Michael Jordan

Motivation für mein Buchprojekt

Meine Motivation zu diesem Buch wird vorerst ein Geheimnis bleiben. Auf jeden Fall hatte ich mir vorgenommen, ein Buch noch in diesem Jahr schreiben und auch zu vollenden. Vom Buch schreiben habe ich mein ganzes Leben lang geträumt und es immer wieder geübt. Worüber ich schreiben wollte, war mir auch klar. Zwei Jahre lang hatte ich an dem Thema „Geld-Mindset" bewusst und unbewusst gearbeitet. Dass mein Kontostand sich dennoch nicht wesentlich ins Plus arbeiten wollte, hatte einen Grund: Ich habe darauf gewartet, dass etwas Überraschendes passiert. Ein Lottogewinn oder ein Erbe. Da du hoffentlich mein Buch sehr aufmerksam lesen wirst, wirst du später wissen, dass das Abwarten keine Option ist. Das Handeln steht im Vordergrund und will ausgeübt werden. Meine zweite Motivation zum Schreiben dieses Buches war und ist es, meine Geldblockaden aufzulösen und meinen Kontostand endlich ins Haben zu bekommen.

Den Ehrgeiz, den ich von meinem Papa habe, und die Geduld sowie die Beharrlichkeit von meiner Mutter sind die Stärken, die ich mitbringe. Allein das hätte noch nicht ausgereicht. Meine Zeitvorgabe, die Frist und meine eigentliche Motivation waren meine stärksten Antriebsmotoren. Wenn ich mich dann einmal an eine Sache festgebissen habe, lasse ich auf keinen Fall locker. Meine Geschichte soll dir helfen, deine Träume und Wünsche ebenfalls anzugehen. Schau, ich konnte schon zwei Menschen nur durch mein Handeln, dazu bekommen, ebenfalls ihre Bücher zu schreiben. Über mein Buchprojekt spreche ich mit vielen Menschen. Eigentlich soll „man“ nicht darüber sprechen. Allerdings bin ich so überzeugt davon und so motiviert und irrwitzigerweise spornt es mich noch mehr an. Klar, dieses Buch darf ein Bestseller werden. In allererster Linie habe ich mit diesem Buch für mich das schönste Nachschlagewerk hinsichtlich Geld-Mindset geschaffen. Ich habe meine Kindheits-Mantras wie „du musst erst das und das können“ losgelassen. Zweitens habe ich hiermit ein Sammelsurium mit besseren Geld-Mindsets geschaffen, das ich meinen Kindern weitergeben möchte. Meine alten vererbten Glaubenssätze konnte ich entschlüsseln und entkräften. Drittens durfte ich ENDLICH die Einstellung von vermögenden, erfolgreichen und glücklichen Menschen zum Geld kennenlernen. Viertens, von meinem aktuellen Lieblingsmusiker durfte ich einen Song, der mir mein Leben gerettet hat, hier mit einbringen. Fünftens habe ich all meine bis dato gesammelte Kenntnisse verschriftlichen dürfen (ggf. gibt es eine Fortsetzung) und erhalte somit selbst ein wertvolles Arbeitsbuch. Last but not least, meine Familie hat mich so großartig darin unterstützt, meine Lücken im Alltag für meine Leidenschaft zu finden. Somit bin ich nun endlich zufrieden, glücklich, erfolgreich und reich an Erkenntnissen. All das in einem Jahr, welches gesellschaftlich durch die Pandemie, eine humanitäre und wirtschaftliche Herausforderung geworden ist, von den ökologischen Umweltaspekten mal abgesehen.

Meinen Kindern schenke ich mit diesem Buch ein Mut-Mach-Buch, das Leben zu lieben und verantwortungsvoll anzunehmen.

Memories

Als ich ein kleines Mädchen war, ich kann mich mit meinen fast vierzig Jahren noch sehr gut daran zurückerinnern, hatte ich selbstverständlich Träume von meinem erwachsenen Leben. Natürlich wollte ich Prinzessin werden, Sängerin, Musikerin und einen Bauernhof haben. Damals vertraute ich meine Wünsche meiner Mutter an: „Mama, ich möchte mal ganz reich werden.“ Das erzählte ich meiner Mama in der Küche, während sie Kartoffeln schälte.

Meine Mama erwiderte daraufhin: „Dann musst du schon einen Millionär heiraten. Wie Marilyn Monroe.“ (*Film: Wie angele ich mir einen Millionär). Nach einer Pause fügte sie hinzu: „Oder du musst Lotto spielen.“ Meine Mama hatte zunächst noch gelächelt. Dann bekam sie einen traurigen Blick. „So einfach wird man nicht reich. Oft reicht das Geld, was man sich hart erarbeitet hat, noch nicht mal bis zum Monatsende. Und immer, wenn man denkt, man hat was übrig, dann kommen die Steuer oder andere ungeplante Ausgaben.“ Meine Mama seufzte schwer und dann sagte sie zu gutem Schluss: „Das Leben ist wie eine Hühnerleiter. Kurz und beschissen.“

Ehrlich gesagt, glaubte ich meiner Mutter nicht so recht. Mein Unterbewusstsein dagegen speicherte dieses Erlebnis sehr gut ab.

Ich gab nicht auf, meinen Träumen hinterher zu hechten. Mein Papa sagte immer: „Du musst dich an deinen eigenen Haaren aus der Scheiße herausziehen können."

Meiner Schwester erzählte ich, als sie mich damals zu Bett brachte: „Ich möchte mal Sängerin werden oder Schriftstellerin." Ich hatte nämlich zu dieser Zeit im Kinderfernsehen gesehen, dass selbst Kinder schon Schriftsteller werden können. Meine Schwester meinte dazu. „Dann musst du aber gut in der Schule aufpassen und ganz dolle lernen. Fang doch schon mal an, Geschichten zu schreiben", meinte sie aufmunternd.

Doch ich sagte daraufhin: „Aber Rechtschreibung ist so schwer." Und irgendwie spürte ich, dass ich wohl nie eine gute Schriftstellerin werden würde, obwohl ich so gerne Geschichten erzählte, Gedichte schrieb und wirklich mein Gegenüber für meine Geschichten begeistern konnte. Also verabschiedete ich mich kurzerhand von diesem Traum, da ich nicht davon überzeugt war, jemals gut genug in Rechtschreibung zu sein.

„Gut, dann werde ich Sängerin", sagte ich schon beinahe trotzig zu meiner Schwester. Singen konnte ich gut und dieses Ziel schien mir erreichbar.

Aber auch hier meinte meine Schwester: „Dafür musst du aber Noten können und viel üben."

Was soll ich dir sagen, meine Träume in rosarot wurden zerschmettert und so träumte ich vom

Bauernhof und erzählte niemandem mehr von diesem Traum.

Natürlich schrieb ich noch Geschichten und war sogar sehr gut darin. Wir hatten im Deutschunterricht mal das Thema Sarkasmus. Unsere Hausaufgabe bestand darin, zu einem Erlebnis eine sarkastische Geschichte zu schreiben. Kein Problem, eine Fahrt im Schulbus liefert genügend Stoff. Ich habe die Geschichte leider nicht mehr, nur in meiner Erinnerung. Jedenfalls lachte die ganze Klasse und mein Klassenlehrer lachte Tränen.

Es kam, wie es kommen musste, wir durften eine Klassenarbeit schreiben und was geschah? Ich bekam Panik. Panik, nicht gut genug zu sein. Meine Rechtschreibung. Oh nein!, raste es mir durch den Kopf. Heute würde man dazu sagen, ich hatte ein Blackout. Mein Hirn brannte, mein Herz raste. Ich riss mich zusammen, doch leider schrieb ich eine Vier. Mein Lehrer war enttäuscht.

Noch ein kleiner Auszug aus meiner Kindheit. Als ich im Urlaub mit meinen Großeltern war, geschah Folgendes: Wir machten oft Urlaub mit den Großeltern am Faaker See in Österreich. Wir verbrachten den ganzen Tag am See und waren kaum aus dem Wasser zu bekommen. Mein Opa wollte zum Mittagessen „halbe Hähnchen“ holen. Ob ich mitwolle, fragte er mich. Aber ich verneinte. Später kam mein Opa wieder. „Ihr glaubt gar nicht, was mir passiert ist“, erzählte er aufgeregt. „Da waren Filmarbeiten.

Und ich wurde gefragt, ob wir mitmachen wollten. Aber ohne dich, Monika, wollte ich nicht und habe dankend abgelehnt.“

Auch dieses Erlebnis spielt bis heute eine Rolle in meinem Leben.

Als ich noch zu Hause bei meinen Eltern lebte, bat ich, privaten Musikunterricht zu bekommen. Wir waren zu Hause vier Kinder. Es war schlichtweg finanziell nicht drin. Von den Nachbarskindern und meinen älteren Geschwistern trug ich die abgetragenen Klamotten. Selbstverständlich wurde ich in der Schule dementsprechend mit Blicken von meinen Klassenkameraden bedacht. Und wenn ich dann neue Sachen bekam, musste ich das nehmen, was meine Mutter für richtig erachtete.

Etwas, was ich nie vergessen werde, war, dass ich an einer Reise nach London nicht teilnehmen durfte. Meine Klassenkameraden wollten schon einen Brief an meine Eltern schreiben, dass sie mich mitfahren lassen sollten. Ich winkte ab. Mein Bruder durfte schon nicht hin und außerdem hatten wir zu Hause einfach nicht das Geld dafür. Bis heute habe ich es mir nicht gegönnt, nach London zu reisen. Immer fehlt es eben an Geld. Ich bereue es bis heute, dass ich noch nicht dort gewesen bin. Von meinen Klassenkameraden konnte ich mir nicht genug berichten lassen. Manchmal träume ich nachts davon, dass mir jemand London zeigt. Diesbezüglich habe ich ernsthaft Fernweh.

Zu all dem kam hinzu, dass meine Eltern zu fast jeden unserer Wünsche meinten: „Das könnt ihr euch alles später selbst kaufen. Wir hatten damals schließlich auch nichts.“

Ein Jahrzehnt später, endlich verdiente ich Geld, um mir meine Träume zu erfüllen, da nahm ich mir Keyboard- und Gesangsunterricht. Ich muss echt darüber schmunzeln, aber was soll ich dir erzählen, ich war ziemlich gut, bis ich anfangen sollte zu lernen, dann verließ mich der Mut. Ich nahm dann noch Reitunterricht, aber auch hier, sobald ich lernen sollte, war es aus mit meiner Motivation. Doch dann kam fast der Durchbruch. Ich nahm an einem Wochenend-Schauspielworkshop teil und gründete kurz darauf eine Filmschule. Gar nicht mal so erfolglos. Ich spielte fünf Jahre lang als Komparsin beim Großstadtrevier, war als Model im Magazin InStyle und moderierte für einen regionalen Internetradiosender. Letzten Endes verdiente ich aber kein Geld damit, dafür bekam ich aber jede Menge Anerkennung.

Schließlich entschied ich mich für den „wahren“ Reichtum, der in Haus, Auto und Kinder bestand. Doch, oh je, dieses Kapitel reicht für zig Bücher. Ganz kurz, die Kinder wurden zu meinen größten Kritikern und ich lernte, ein für alle Mal authentisch zu sein. Meine größte Lehre, die ich meinen Kindern zu verdanken habe, war, endlich zu mir selbst zurückzufinden.

Und deswegen widme ich folgende Zeilen meiner Familie: „Valentin und Anna-Maria, ich bin so wahnsinnig stolz auf euch! Ihr werdet alles erreichen, was euch vom Herzen wichtig ist. Für mich und für Papa werdet ihr aber IMMER so wertvoll sein wie nichts anderes in dieser Welt! Wir lieben euch so, wie ihr seid! Wir kennen euren Wert und für uns seid ihr leuchtende Sterne, die uns beflügeln und unser Herz erleuchten lassen.

Mein lieber Lebensbegleiter Alexander Wenn, ich danke dir so sehr, dass du mich auf all meinen Wegen begleitest. Ich danke dir so sehr, dass du mir den Rücken stärkst, um meinen Weg zu gehen. Wir haben als Elternpaar viel erreicht.

In Liebe. Für euch."

Ein Geschenk hinter Dornen verpackt.
*Zitat „Seom" alias Patrick Kammerer

Glaubenssätze

Bereits im Vorwort hast du bewusst wahrgenommen, was mich im Leben gehindert hat, reich zu werden. Dein Unterbewusstsein hat dir bestimmt schon signalisiert, dass da einige Parallelen zu deinem Leben sein könnten. Möglicherweise hast du aber nur innerlich den Kopf geschüttelt und Mitleid empfunden. Du sollst wissen, dass ich dir vom Herzen das Beste wünsche und an dich glaube. Mehr noch, ich bin mit dir verbunden, wenn du diese Zeilen liest. Falls du nur im Ansatz so tickst wie ich, dann fühle ich mich reich, und wenn ich dir helfen kann, dann fühle ich mich gesegnet.

Das Thema Glaubenssätze ist, puh, wie soll ich es sagen bzw. schreiben, der Hammer und wie „ein Geschenk hinter Dornen verpackt"!

Glaubenssätze sind Sätze, die unsere Kultur, unsere Gemeinschaft, unser Elternhaus, die Schule u.v.m. unbewusst und bewusst kommuniziert haben. Mit dem Bewussten meine ich Folgendes: „Wer den Pfennig nicht ehrt, ist des Talers nicht wert." Dieser Satz wurde über Generationen hinweg kommuniziert. Selbst in Comics wie „Ducktales" oder in Magazinen und Zeitungsartikeln. Diese Redensart gehört also zu unserer Kultur. Solche Sätze werden scheinbar lapidar dahingesagt, manchmal auch als Belehrung und Warnung an den Zuhörer.

Doch was passiert im Unterbewusstsein? Vielleicht kennst du bereits die „Macht der Worte“? Auch hier meldet dein Verstand sofort: „Ach, esoterisch jetzt?!“, „Hokuspokus“, „ich weiß selbst, was ich zu denken habe“.

Ich erzähle dir aber gerade eben, was wirklich passiert. Dein Unterbewusstsein filtert Nachrichten. Stelle dir vor, wenn unsere Sinnesorgane alles ungefiltert an unser Gehirn melden würden, das würde unser Gehirn zum „Explodieren“ bzw. zum „Abstürzen“ bringen.

Daher werden unnötige Informationen vorab vom Gehirn gefiltert, in wichtige und unwichtige bzw. in bekannte und unbekannte Informationen. Aber was ist wirklich wichtig und was unwichtig? Diese Muster werden bereits von der ersten Sekunde der Wahrnehmung festgelegt. Am Anfang konzentriert sich unser unfertiger Körper im Mutterleib auf die Geräusche und auf das Fühlen. Nach der Geburt wird das Gehirn an die Außenwelt angepasst und lernt in einem Jahr in einer enormen Geschwindigkeit so viel wie sonst im Rest des Lebens nicht.

Mit Zuversicht und Vertrauen entdecken wir die Welt. Doch auch hier können bereits erste Störungen auftreten, wenn der Körper und das Gehirn beispielsweise fehlerhaft entwickelt wurden. Aber auch, wenn die Mutter in ihrer Schwangerschaft gestresst und ungesund lebt, dann kann das kleine Wesen unbeschadet zur Welt kommen, allerdings im

Verhalten kann das Kind im Bereich der Zuversicht und Vertrauen gestört sein. Solche Problematiken treten verhältnismäßig oft auf. Denn welche Mutter ist beim ersten Kind die Mutter schlechthin?

„Eltern werden ist nicht schwer, Eltern sein dagegen sehr.“ *Achtung, Redensart und Unterbewusstsein werden gerade getriggert.

Glaube mir bitte dieses: Jeder, der dir begegnet, prägt dich in eine Art und Weise, mit der du nicht gerechnet hast.

In den ersten Lebensjahren sind es deine Bezugspersonen: deine Eltern, deine Geschwister, deine Großeltern. Dein Onkel und deine Tante. Wenn du dich also fragst, warum bin ich, wie bin, dann glaube mir Folgendes: DU bist wundervoll! Einzigartig! DU bist kostbar! DU bist das Geschenk der Liebe, das Geschenk Gottes und des Universums!

Ich könnte mir gut vorstellen, dass sich mittlerweile beim Lesen dieser Zeilen, Zweifel bei dir erhoben haben. „Quacksalberei“, „bla, bla“. Wenn dem so ist, dann sage ich dir: Du wurdest so geprägt, um solche Dinge abzutun, um das Leben anderer zu leben. Gut gemeinte Ratschläge, die beschützend wirken soll(t)en. Bei deiner Entwicklung im Mutterleib wurde bereits dein Gehirn programmiert. Und zwar in der Art und Weise, ob du mit Zuversicht durchs Leben gehst oder aber auch nicht.

Vielleicht warst du aber gerade den Tränen nahe, als du meine Zeilen gelesen hast. Wie auch immer, all das, was dich bei diesen Zeilen gerade denken lässt, sind es deine Gedanken, die geprägt worden – von dir in einer Selbsthypnose wiederholt wurden – und fortwährend dein Leben bestimmen.

Und wie genau kannst du deine Zweifel, die jetzt aufkommen, auflösen? Erinnere dich an deine Schmerzen. „Ein Geschenk hinter Dornen verpackt." Schau, im Vorwort habe ich dir meine schmerzhaftesten Erinnerungen erzählt. Ich könnte mich dafür schämen. Dennoch, ich habe meinen Frieden damit gemacht bzw. ich habe angenommen, was mich schmerzt. Ich habe begriffen, dass diese Schmerzen Zeichen waren und noch immer Spuren sind. Spuren, die auf meine Verletzungen und meine Wünsche, Sehnsüchte gleichsam deuten. Mein Bedürfnis oder, anders gesagt, was in dieser Situation geschädigt worden ist: Vertrauen. Liebe.

Wann immer du verletzt wirst, wirst du verletzt in deinem Grundbedürfnis der Liebe und dem Vertrauen. Deswegen hast du das Recht, dies zu beklagen, zu beschreien und dich mit jeder Zelle deines Körpers zu wehren. Mit der Zeit wirst du lernen, achtsamer, sorgsamer und mit Weisheit dich diesen Einflüssen zu verwehren.

Wenn du die Zeilen noch einmal liest, fällt dir vielleicht auf, dass ich „ICH" geschrieben habe. Ich habe das Leben angenommen. Ich habe etwas Bestimmtes getan. Genau, ICH habe aus „man" „ICH" gemacht. Und damit habe „ICH" die Verantwortung über mein Leben wieder die Hand genommen. Ich glaube, dass das gerade ein wenig zu schnell ging. Daher erlaube mir, dich zu einem weiteren Kapitel in meinem Leben mit an die Hand zu nehmen.

Eines Tages las ich eine Nachricht von einer damals Bekannten in Facebook. „Hat wer Lust, eine Freie Schule zu gründen?“ Diese Nachricht sprach mich tiefgehend an. Heute weiß ich, warum: Das Wort „frei“ hat meine Seele und mein Grundbedürfnis angesprochen. Das Wort „Schule“ hat mich gerufen, mich noch einmal dem Thema Lernen zuzuwenden. Diesmal sollte es aber darum gehen, etwas über mich zu erfahren. Über das Thema „Freie Schule“ hatte ich bis dato noch gar nichts gehört. Lange Zeit wusste ich gar nicht, wo genau die Reise hingehen sollte. Dennoch gab es ein weiteres Schlüsselerlebnis.

Ich traf meine damalige Bekannte bei sich zu Hause. Es war noch Besuch da. Beide befragten mich an der Haustür nach dem einen und anderen. Was ich mir so beruflich vorstellen würde? Was ich mir als Kind wünschte? Ich antwortete: „Na ja, man könnte dies und das machen. Na ja, und was man sich als Kind denn typischerweise wünsche.“

Da meinte dir mir noch bis dato Unbekannte: „Du sprichst immer nur von *man*. Sprich doch mit *ich*.“

Dieser eine Satz hat rückblickend eine Menge an Kettenreaktionen ausgelöst. Ich verstand, dass ich mich schon so von mir selbst abgewendet hatte, dass ich nur noch in „man“-Sätzen sprach. Zu diesem Zeitpunkt war ich 34 Jahre jung, Mutter zweier Kleinkinder. Ernsthaft, ich habe gerade eine Schweigeminute eingelegt, um zu begreifen, was ich aufgegeben hatte. Unfassbar, was mein Umfeld mit mir gemacht hatte und ich bereitwillig geopfert hatte, weil man das so macht!

Ein Glaubenssatz, oder, besser gesagt, ein Mantra der Gesellschaft, das mich zu dieser Zeit begleitete, war Folgendes: „Es muss immer erst etwas Schlimmes passieren, damit ein Mensch sich ändert.“

O-H-A. Zieh dich warm an und ich sage nur: Sei vorsichtig bei dem, was du glaubst und dir wünschst.

Zu dieser Zeit, meine damalige Bekannte und Freundin kann es bezeugen, starben über 40 Menschen aus meinem Familien-, Freundes- und Bekanntenkreis innerhalb von drei Jahren. Zwei Todesfälle haben mich sehr bewegt, denn du kannst dir vorstellen, dass diese armen Seelen in meinem Alter gewesen sein mussten, damit es mich tiefgreifend bewegen konnte. Ich erzähle dir nicht von den weiteren Umständen. Doch zu diesem Zeitpunkt fragte ich mich: Wer bin ich? Was erwarte ich vom Leben? Wie will ich mein Leben verbringen?

Die Geburt unserer Kinder hatte mich ebenfalls aus allen Festen und Burgen geworfen, die ich bis dahin als Glaubensbestandteil in meinem Leben gebaut hatte. Unser Sohn war von Anfang an herausfordernd. Von Dreimonatskoliken, aus denen sechs Monate wurden und zur Folge hatten, dass dieses Kind beinahe ausnahmslos weinte und quengelte. Dann kamen die Zähnchen und Wachstumsschübe. Später stellte sich heraus, dass unser Sohn nur auf 30% gehört hatte. Aber auch die Geburt war alles andere als schön, da die Wehen mit einer Tablette, die eine Magenschleimhautentzündung lindern sollte, eingeleitet wurden. Heute wird gegen den Einsatz dieses Mittel zur Einleitung von Wehen geklagt. Neun Jahre nach der Geburt von unserem Sohn durfte ich lesen, dass Kind und Mutter dadurch in Gefahr gebracht werden. Was ich nur bestätigen kann. Nach drei Stunden Dauerwehen wurde zum Schluss auf meinem Bauch herumgeturnt, da die Herztöne von unserem Sohn ins Trudeln kamen. Unabhängig davon wurde unser Sohn mit einem Knick-Hacken-Fuß zur Welt gebracht. Der Start und die folgenden Wochen danach sollten noch lange ihre Nachwehen in unserem Familienleben mit sich bringen. Rückblickend hatte ich sicherlich wohl den „Baby blues“ gehabt.

Als unser Sohn vier Jahre alt war, stellte sich heraus, dass er kaum hören konnte. Trotz regelmäßiger U-Untersuchungen und den Empfehlungen des HNO, dem Kind sechs Monate lang Nasenspray zu verabreichen. Bis heute begreift unser Junge seine Welt mit viel Ertasten seine Umwelt. Unsere Tochter kam zweieinhalb Jahre nach der Geburt von unserem Sohn zur Welt. Zu Beginn und während der Schwangerschaft ereigneten sich weniger gute Dinge, auf die ich nicht eingehen kann. Nur so viel, familiär und beruflich lief alles ziemlich unbequem. Aufgrund dieser Gegebenheiten durfte ich zu Beginn des Mutterschutzes zwei Wochen im Krankenhaus verbringen, da die Wehen zu früh einsetzten. Bis zum Einsetzen der Geburt hatte ich immer wieder Wehen. Die Geburt verlief einfach und unkompliziert. Wir sind kurz um eine Hausgeburt herumgekommen. Diesmal blieb ich acht Monate zu Hause statt nur wenige Wochen, wie beim ersten Mal. Zwei Jahre später kam ein beruflicher Einschnitt, der mich stark belastete. Auch hierauf darf ich nicht näher eingehen beziehungsweise möchte es nicht. Jedenfalls erschütterte mich der Job als Mutter, Hausfrau und Arbeitnehmerin stark in all meinen Sichtweisen auf das Leben.

Ich musste mir ein dickes Fell zulegen und meinen Mann stehen. Dabei verlor ich wohl mein Vertrauen in andere und verstärkte das Verlangen nach Kontrolle.

In den letzten vier Jahren habe ich damit begonnen, mein Leben radikal „step by step“ aufzuräumen. Ich trennte mich von Freunden, die mir Lebensenergie entzogen. Ich besuchte Seminare, um mein „Ich“ wieder kennenzulernen. Ich trainierte. Trotz der Seminare, endlosen Videos im Internet, Meditationen und Yoga verstand ich eines nicht:

Warum fühlte ich mich nicht „reich“? Warum sprach mein Kontostand seit meiner Ausbildung eben diese Sprache?

Durch Yoga begegnete ich meinem Yoga-Lehrer Borniko, den ich wegen seiner Jugend in seinem hohen Alter anhimmelte. Dieser alte Mann mit Vollbart steht doch tatsächlich auf Rap und Hip-Hop. Durch ihn lernte ich die Musik von „Seom“ alias Patrick Kammerer kennen. Bis zu diesen Begegnungen hatte ich bereits eine Menge von Veit Lindau gelernt, insbesondere zum Thema „Selbsthypnose“. Veit Lindau hatte mir die „A-H-A“-Momente beschert und „Seom“ hat mich mit seiner Musik berührt, verführt und mir die Stärke gegeben, so zu lernen, wie ich es gerade für mich richtig empfinde.

„Seoms“ Musik konnte ich anfangs nicht verstehen. Ich habe sie tausendmal gehört und den Musiker später selbst gefragt, wie ich die Songs verstehen könnte und sollte. Seom meinte, „dass ich die Songs gerade so verstehe, wie ich sie gerade verstehe“. Haha, was war ich enttäuscht und wütend! Die Tiefe dieser Aussage sollte mir sehr viel später bewusst werden. Jetzt, also heute, kann ich darüber reden.

Nachdem ich also begonnen hatte, „step by step“ mein Leben aufzuräumen, räumte ich mehr denn je nicht nur den Inhalt unseres Hauses um, sondern auch aus. Ich hatte genug davon, die Dinge nur von links nach rechts zu verschieben und damit das Unvermeidbare nur aufzuschieben. Als ich unseren Hausstand verkaufte, verschenkte oder entsorgte, bemerkte ich, woran ich mich über all die Jahre festgeklammert hatte. Ich bemerkte aber auch, was ich alles an Geld ausgegeben hatte. Meine Mutter sagte damals: „Du wirst noch viel Lehrgeld in deinem Leben bezahlen.“ Das sagte sie aus solcher Überzeugung, dass, wie du dir denken kannst, das selbstverständlich in meinem Leben Auswirkungen gehabt hatte. Als ich das erkannte, dass meine Mutter recht behalten hatte, schämte ich mich.

Dem Himmel sei Dank durfte ich die Podcast-Folgen 47 und 48 von Veit Lindau hören. Ich kann dir nur empfehlen, bei den Folgen zum Thema „Selbsthypnose“ gut zuzuhören. Erst beim mehrmaligen Hören konnte ich von tief empfundener Traurigkeit darüber zumindest leicht schmunzeln. Du merkst, dass diese Geschichte noch wie ein Dorn in meinem Herzen sitzt. Die Wahrheit dazu sieht ganz anders aus, wenn ich dir diese Geschichte dazu erzähle.

Dazu reise ich nur ein paar Wochen zurück. Es ergab sich, dass ich meinem Mann den Auftrag gegeben hatte, sich darum zu kümmern, wie ich von meinem Unverpacktladen nach Hause komme. Nun solltest du dazu wissen, dass ich zwischenzeitlich eine beinahe perfekte Umwelt-/Klimaschützerin geworden bin. Nachdem ich vor rund drei Jahren auf mein Auto verzichtet hatte und seitdem das Privileg genieße, chauffiert zu werden, hatte ich nebenbei in der Corona-Pandemie einen Unverpacktladen eröffnet. Mein Mann sollte also meinen Abholdienst organisieren. Ich dachte, er fragt seine Mutter, die sonst gerne, zuweilen auch ungern, meine Chauffeurin spielte. Leider war diese verhindert. Und so fragte mein Mann meine Eltern. Großes Drama, ehrlich!

Mein Papa holte ich mich also ab und es ergoss sich die Hölle über mich. Mein Vater hilft im Grunde gerne aus, aber auf dem Weg zu mir hatte er sich verfahren. Vermutlich, weil die Worte seiner Frau in seinem Kopf widerhallten. Und weil er mich vielleicht doch nicht so gerne abholen wollte. Jedenfalls, du weißt, wie es ist, wenn „man" sich ärgert, vergisst „man" mitunter, was „man" eigentlich wollte. Mein Vater schimpfte, als er mich abholte, und gab mir zu verstehen, dass ihm all meine bisherigen getroffenen Lebensentscheidungen zu viel wären und überhaupt äußert fragwürdig.

Boah, Junge, Junge, ich war ja schon so einige Standpauken gewöhnt. Diese traf mich aber besonders hart. Mein Vater bestätigte meine Selbstzweifel und meine Unsicherheiten, aus denen ich Entscheidungen getroffen hatte. Nun war ich schon so gut auf Reisen, am Tun und am Machen und dann das! Zunächst hatte ich ihm beigepflichtet, dass ich alles falsch gemacht hatte … und überhaupt, wenn ich all das gewusst hätte ....

Es dauerte einige Stunden, bis ich begriff, was sich da eigentlich abgespielt hatte. Meine Mutter hatte meinem Papa offensichtlich zu verstehen gegeben, dass sie mit der kurzfristigen Planung nicht einverstanden war. Im Grunde ist das gut zu verstehen. Für mich selbst würde ich da die Verantwortung übernehmen und in solche einer Situation das meinem Gegenüber dann auch so vertreten. Manche reagieren eben anders darauf. Und das wiederum hat auch seinen Ursprung. Wir alle stehen eben da im Leben, wo wir stehen. Wir wurden geprägt von den Menschen, die uns umgaben und noch umgeben. Wir haben in diese Menschen vertraut, unabhängig davon, ob das, was sie sagten, nun richtig oder nicht richtig war. Unabhängig davon, ob es in Liebe gesagt wurde, gut gemeint war oder ob in Missachtung oder Verachtung. Und dann können solche Situationen dazu führen, dass sich ein Unwohlsein breitmacht, das Gegenüber kann aber nichts dafür. Denn all unsere Emotionen entstehen aus dem bisher Erlebten im Zusammenhang.

Ich wiederum erkannte, abgeleitet aus dieser Situation, dass ich zeit meines Lebens die nicht aufgearbeitete Gefühlswelt anderer nicht ausbaden muss und will. Bisher dachte ich, dass ich für die Zufriedenheit anderer verantwortlich wäre. Insbesondere im Zusammenhang mit meinen Eltern glaubte ich, dass ich, wenn ich lieb und gehorsam bin, geliebt werden würde. Welch ein Irrtum! Ich wage die Behauptung aufzustellen, wir könnten die liebsten Kinder der Welt sein, die bedingungslose Liebe der Eltern ist damit längst nicht gewonnen. Bedingungslose Liebe ist eine Geisteshaltung.

Diese Erfahrung war äußerst heilsam. Zwei Lehren zog ich direkt aus diesem „Geschenk hinter Dornen verpackt“. Erstens: All mein Glaube wurde geformt. Geformt von und aus Generationen vor mir. Das, was mir in dem Moment geschenkt wurde, war die Erkenntnis, dass ich nicht dafür verantwortlich bin! Ich bin nicht für die Gefühlswelt der anderen verantwortlich.

Ein Satz von meinen Eltern passt dazu: „Ein jeder ist seines Glückes Schmied.“

Mein Gott, könnte das bitte zum Unterrichtsfach werden?! Das muss doch nicht sein, dass die Glaubenssätze anderer einen Menschen in solcher Art und Weise manipulieren.

Glaubenssätze wirken wie eine Selbsthypnose. Wir wiederholen das, was uns gelehrt wurde. „Du wirst noch viel Lehrgeld bezahlen.“ Wenn du dich an solche oder ähnliche Sätze festklammerst, passiert genau das, was manche zum Thema „Aberglaube“ kennen, es passiert! Unweigerlich. Du oder andere wirken so lange auf dich ein, bis sich die „Prophezeiungen“ erfüllen.

Ist mir gestern wieder passiert. Nebenbei gesagt, wie du sicherlich bemerkt hast, erzähle ich dir meine Storys, damit du Bilder erlebst, die dich so berühren, dass ich dich nicht manipuliere. Anhand meiner Beispiele, die hoffentlich fernab von deiner Realität sind, hast du die Möglichkeit, für dich nur die Quintessenz aus meinen Storys mitzunehmen.

Also, gestern habe ich meine Tochter mit dem Auto meines Mannes vom Spielen abgeholt. Mein Mann sagte zu mir bei der Übergabe des Schlüssels: „Lass mein Auto heile." Es war dunkel, es regnete, in meiner Brille spiegelte sich trotz Entspiegelung zu viel. Kurzum, voll doof. Egal, ich fuhr in die Sackgasse und bemerkte, dass all die Parkplätze, die ich sonst zum Wenden genommen hatte, belegt waren. Klar, die Leute hatten Feierabend und waren zu Hause. Also fuhr ich rückwärts raus. Ich hatte die Fenster runtergekurbelt, um alles zu hören. Auf einmal sehe ich eine Fläche, die sich zum Drehen eignete. Es knartschte, es war wohl ein Beet mit Kies, in dem ich gerade versuchte zu wenden. Nun war ich fast fertig mit dem Wendemanöver und da krachte es.

Ok, Rückwärtsgang, Vorwärtsgang, aussteigen, gucken. Na, klar ein Sandstein! Die Stoßstange von unten war sternenförmig zerkratzt. Ok, halb so schlimm. Weiter geht's. Das Ganze beim Abendbrot meinen Mann gebeichtet. Was soll's, ist Kunststoff. Mein Ego war allerdings ebenfalls zerkratzt.

Am nächsten Tag befand sich eine Öllache unterm Auto. Na, zauberhaft! Was solls, es gibt eine Versicherung. Über das Thema Umweltverschmutzung schweige ich mich aus. Als Umweltschützerin schmerzt es nur.

Was bringt mir diese Story also Gutes? Erstens, ich hatte vor einigen Tagen gegenüber dem Universum den stillen Wunsch geäußert, meine Geldblockaden zu lösen. Immerhin bewies mir mein Kontostand, dass ich wohl immer noch Sorgen und Kummer hatte. Zweitens, irgendetwas Gutes liegt ja immer in solchen Geschehnissen. Gut, mein Mann wollte ein neues Auto. Du merkst, irgendwie war das wohl unvermeidbar, wenn die Gedankengänge erst einmal so klar auf der Hand liegen. Auf der anderen Seite konnte ich eben auch diesen Schaden aus der eigenen Tasche bezahlen.

Im Grunde könnte ich wirklich brüllen vor lauter Lachen, da der Satz „Steine im Weg liegen" für mich somit eine andere Bedeutung / Färbung bekommt. *LACH* sei also vorsichtig beim Wünschen! Das Universum wollte mir wohl auch wahrhaftig meine Blockaden zeigen. Auf jeden Fall schreibe ich seitdem an diesem Buch, das erste Projekt, was wohl auch von mir beendet wird. Und somit wäre ja auch alles wieder im Fluss. *LACH*

Für mich habe ich aber an diesen Tagen diese Kenntnisse erlangt: Die Steine lege ich mir selbst in den Weg! *Brüll*

Ok, jetzt habe ich vor lauter Lachen den roten Faden verloren. Kommt wieder.

Jetzt weiß ich wieder. Ich hatte gefühlt, dass ich in solchen Momenten, in denen ich „Scheiße baue“, mir nicht genug vorkomme. Mein Gehirn fängt an zu brennen und ich habe das Gefühl, dass ich gleich den Raum der Leere betrete. Gerade jetzt spüre ich, dass ein Black Out eigentlich heilsam ist. Es ist der Raum der Leere, damit ich mich neu sortieren kann. Ich erzählte dir bereits, dass ich unter Druck, du erinnerst dich an meinen versemmelten Deutschaufsatz, nicht gut arbeiten kann. Ich glaube aber auch, dass nicht der Druck entscheidend ist, sondern die Emotion, die unter Druck gefühlt wird. Während meiner Klausur hatte ich dem Gefühl der Angst, des Versagens zu wenig Raum gegeben. Wenn ich über eine gute Resilienz zu dem Zeitpunkt verfügt hätte, hätte ich mich wohl beruhigen können.

Ich hoffe, dass du spürst, was ich dir anhand der Storys bildhaft übermitteln möchte.

Glaube nicht das, was du über dich hörst. Glaube das, was du in dir spürst! Wenn du glaubst, du bist zu Großem berufen und geeignet, dann höre nicht auf, deine Berufung zu leben. Auch wenn andere meinen, dass deine Voraussetzungen nicht stimmen würden oder ideal seien.

Höre auf, zu glauben, du seist ein kleines Licht. Höre auf zu glauben, du hättest die finanziellen Mittel nicht oder du müsstest hart arbeiten, um an Geld zu kommen! Wenn wir zu den Glaubenssätzen kommen, die du in dir trägst, wirst du schnell feststellen, welche dir eingeredet worden sind. Solche, die du regelmäßig wiederholst, wie z.B. „Ist ja klar, dass es heute regnet, ich habe ja auch frei.“ Nun will ich damit nicht sagen, dass das Wetter ein anderes wäre, wenn du deine Gedanken änderst. Zumindest kannst du drauf hinarbeiten, Regenwetter zu genießen.

Ich glaube ja, dass wir Erwachsene nicht in Pfützen springen, weil uns eingehämmert wurde, wir müssten ja unsere Sachen sauber halten und überhaupt, „nasse Füße machen krank“. Ich hoffe, ich sehe demnächst mehr Erwachsene im Regen in Pfützen springen!

Deine Gedanken, dein Glaube färben deine Gedanken. Wenn du ohnehin ein „Muffel“ bist, dann ist das Leben für dich eine Qual. Wenn du ein „Stehaufmännchen“ bist, dann gibt es trotzdem Tage, die du vergessen kannst, die aber genauso wertvoll sind.

Was sagst du hierzu: Wenn es Glaubenssätze gibt, dann gibt es doch Wunder, oder? Ehrlich gesagt, habe ich diese Behauptung bis vor drei Jahren mit einem Stirnrunzeln entgegengenommen. Wunder, schon klar! Und weiter geht es. Nee, ehrlich mal, Wunder sind für mich Ereignisse, mit denen ich nicht gerechnet habe. Die unerwartet kommen. Wunder sind manchmal die Tage, an denen ich quietschfidel aus dem Bett springe. Wunder sind Tage, an denen die Uhr stillzustehen scheint. Wunder sind Momente, in denen ich unbekümmert bin. Ganz ehrlich gesagt, ich bin ein Morgenmuffel und manchmal hält das den ganzen Tag an. Trübe Gedanken gehören zu meinem Leben. Mit der Zeit habe ich gelernt, mit den trüben Tagen Tee zu trinken und zu schnacken. Und wie von Zauberhand waren diese Tage die Tage, an denen ich am meisten gelernt habe und am weitesten gekommen bin.

Genau das hat mit Reichtum zu tun! Das Leben bietet dir Höhen und Tiefen. Lass mich eine Erkenntnis dazu mit dir teilen. Für mich sind die Tiefen die Ebenen, die mich erden, die mich standhaft werden lassen. Ebenen, auf denen ich schnell vorankomme. Wenn Tiefe mit Dunkelheit verbunden wird, dann kannst du klarer sehen. Sehen hat nichts mit sehen zu tun. Die Dunkelheit empfinde ich als wichtigstes „Werkzeug". In der Dunkelheit lenkt mich nichts ab. Es ist endlich ruhig. Du glaubst gar nicht, was für mich Ruhe mit zwei Kindern bedeutet!

Diese Erkenntnis erlangte ich, als ich die Schillathöhle besucht hatte. Die Berg-/Höhlenführerin machte das Licht aus und es war das schönste Schwarz, was ich jemals erleben durfte! Ich war zu Hause, angekommen. Seit Kurzem verstehe ich auch, warum das Thema Meditation so gepriesen wird. Es ist der Moment, wo du nichts empfängst, außer dir selbst. Ein wundervolles Geschenk. Denn du bist die unendliche Weite und Tiefe deines Ursprunges. Mehr Kraft und Energie sowie Inspiration ist anderswo nicht zu erhalten. Deswegen kannst du nur wundervoll sein!

Von erfolgreichen Menschen liest und hörst du folgende Geschichte: Wenn sich diese zu Bett legen, legen sie auf ihrem Nachtschrank einen Stift und Zettel bereit. Und das tun sie deshalb, weil einem in der Einschlaf- und Aufwachphase (Delta-Ebene) die besten Ideen kommen. Klar, weil dein Verstand endlich mal den „Mund" hält und nicht versucht, 60.000 Gedanken durch dein Gehirn zu versenden. Manche erleben das aber auch, wenn sie auf der Toilette sind, beim Duschen oder Baden. Wenn du entspannt bist, hast du einfach die genialsten Ideen!

Deswegen ergeben Sportarten in Richtung Yoga und Co. doppelt Sinn. Nur wenn du im Fluss bist, kann alles in dir fließen, von Energien bis hin zu supergenialen Ideen. Deswegen ist es sinnvoll, viel zu trinken, wenn du dich in Bewegung bringen willst.

Apropos in Bewegung bringen. Wie beginnst du also nun deine ersten Schritte in ein Leben, was dich erfüllt und dich nicht limitiert? Auf den folgenden Seiten geht es darum, dir deiner Glaubenssätze negativer Natur bewusst zu werden. Es geht um deine sogenannten Geld-Mindfucks. Ich verbringe nun schon beinah zwei Jahre damit, meine Geld-

Mindfucks aufzuspüren. Zunächst war dieser Ansatz deprimierend, aber eben auch sehr klärend. Mittlerweile lache ich darüber, wenn ich dann doch mal wieder über den einen oder anderen Glaubenssatz stolpere. Durch diese verschiedenen Herkünfte von Glaubenssätzen schlummern diese eben dort, wo ich diese kaum vermutet hatte. Also lass dich auf das Abenteuer ein! Es kann abenteuerlich werden und ist mit einer Menge Spaß und A-H-A-Momenten verbunden! Dass es sich dabei um Blockaden handelt, wirst du selbst merken und spüren. Im Übrigen werde ich dir selbstverständlich auch von meinen Geld-Mindfucks berichten und dir die Wirkungsweise damit aufzeigen.

Damit du dir einen Eindruck davon machen kannst, welche Glaubenssätze sich maßgeblich auch auf deinen Erfolg ungünstig auswirken könnten, habe ich dir mal meine Geld-Mindfucks aufgelistet. Meine limitierenden Glaubenssätze und ihre Wirkung in Bezug auf Geld und Erfolg.

1. Du kannst nicht mit Geld umgehen.
2. Geld oder Liebe.
3. Glück im Spiel, Pech in der Liebe.
4. Die Wenigsten sind talentiert.
5. Wer den Pfennig nicht ehrt, ist des Talers nicht wert.
6. Geld muss man sich hart erarbeiten.
7. Geld hat man oder nicht.
8. Über Geld spricht man nicht.
9. Geld ist dreckig.
10. Geld verdirbt den Charakter.
11. Kleine Brötchen backen.
12. In deinem Leben schaffst du es maximal auf den grünen Zweig zu kommen.
13. Lege dir immer einen Notgroschen an die Seite.
14. Wer weiß, was kommt.
15. Geld allein macht nicht glücklich.
16. Das Glück ist mit den Dummen.
17. Wissen ist Macht.
18. Nur wer kein Geld ausgibt, wird reich.
19. Geiz ist geil.
20. Von nichts kommt nichts.
21. Du bist es nicht wert.
22. Die meisten wollen nur dein Bestes, dein Geld.
23. Ruhe dich nicht auf deinen Lorbeeren aus.
24. Haste nichts, dann bist du nichts.
25. Ohne Moos nichts los.
26. Wie gewonnen, so zerronnen.
27. Außer Spesen nichts gewesen.

Um zum Erfolg in deinem Tun zu kommen, ist es wichtig, zu wissen, wie dein Unterbewusstsein auf unsere gesellschaftlichen Glaubenssätze reagiert.

1. Du kannst nicht mit Geld umgehen.
Dieser Satz begrenzt die Möglichkeit, dass du den Umgang mit Geld erlernen könntest. Mit diesem Satz ist es unmöglich, jemals sein Geldproblem hinzubekommen. Es ist wahrscheinlich, dass dieser Satz von Menschen, die du liebst, ausgesprochen wird.

2. Geld oder Liebe.
Kennst du noch die Serie „Geld oder Liebe“ mit Jürgen von der Lippe, die im ARD ausgestrahlt wurde? Mein schlimmster Geld-Mindfuck! Natürlich möchte ich lieben, statt Geld zu haben! Na, dreimal darfst du raten, warum ich lange Zeit kein Geld hatte! Totaler Bockmist!

3. Glück im Spiel, Pech in der Liebe.
Kurz gesagt, siehe oben Punkt 2. Schon wieder so ein „Sch…-Entscheidungsspiel“. Wer viel Geld hat, wird immer in der Liebe unglücklich sein. Na wundervoll! Applaus, für die Gaukler im Leben, die die Menschen zum Narren halten.

4. Die Wenigsten sind talentiert.
Im Umkehrschluss heißt das, ohne Talent gehörst du zu den Menschen, die sich fürchterlich anstrengen müssen, um ihr Bestes zu erreichen. Was für eine Lüge! Jeder ist talentiert, aber eben nur in dem, was er liebt.

5. Wer den Pfennig nicht ehrt, ist den Taler nicht wert.
Und noch einmal wirst du im Vertrauen eingeschränkt. Dir wird die Fähigkeit aberkannt, mit Geld umgehen zu lernen.

6. Geld muss man sich hart erarbeiten.
Auch hier darfst du nicht ins Leben vertrauen, dass du mit Hingabe und Freude Geld verdienen wirst.

7. Geld hat man oder nicht.
Dieser Satz erzeugt erneut einen Mangel. Es wird dir die Fähigkeit aberkannt, darauf zu vertrauen, dass du mit deinem Tun und Handeln Geld verdienen wirst.

8. Über Geld spricht man nicht.
Wieder einmal wird dir die Fähigkeit aberkannt, darauf zu vertrauen, deinem Gefühl zu trauen, wem du dich anvertrauen kannst. Dir wird auch die Möglichkeit damit geraubt, stolz auf dein Geld zu sein. Stolz auf deine Leistung zu sein.

9. Geld ist dreckig.
Dieser Gedanke impliziert, dass mit ehrlicher Arbeit kein Geld verdient werden kann. Alles, was du verdienen wirst, ist dreckiges Geld. Dem Geld wird somit eine negative Bestimmung gegeben.

10. Geld verdirbt den Charakter.
Auch hier wird die Bestimmung des Geldes negativ gefärbt. Geld kann also nicht positiv sein.

11. Kleine Brötchen backen.
Hier wird mal wieder deine Leistung begrenzt und limitiert. Es wird dir nicht vertraut, dass du es mit einem Wurf schaffst, das Maximum zu erzielen. Immer schön auf der Hut sein und nicht vertrauen.

12. In deinem Leben schaffst du es maximal auf den grünen Zweig zu kommen.
Siehe Punkt 12. Dir wird schon im Vorfeld beigebracht, dass auch du kein Glück, keinen Erfolg und keinen Reichtum haben wirst.

13. Lege dir immer einen Notgroschen an die Seite.
Wer einen Notgroschen besitzt, wird in Not kommen. So einfach kann es sein.

14. Wer weiß, was kommt.
Dieser Satz limitiert dich zum x-ten Mal. Das Übel und der Misserfolg werden mit diesem Satz erfolgreich eingeladen. Unheil wird prophezeit.

15. Geld allein macht nicht glücklich.
Der Fokus wird weggelenkt vom Geld, hinweg zu der Frage, „was glücklich macht“. Das ist nicht falsch oder verwerflich. Nur impliziert diese Frage, dass Geld und Glück nicht zusammenpassen oder gar sich ausschließen.

16. Das Glück ist mit den Dummen.
Du darfst also nicht glücklich werden im Leben, sonst wärst du dumm. Rate mal, was in deinem Leben passiert.

17. Wissen ist Macht.
Macht haben ist schlimm. Denn das würde eine Erhebung über die Menschen bedeuten. Also bleibst du dumm und schließlich ist das Glück mit den Dummen.

18. Nur wer kein Geld ausgibt, wird reich.
Lies hierzu gleich das Kapitel „Die Bestimmung des Geldes“. Wer Geld anhäuft und nicht ausgibt, wird merken, das Geld endlich ist und das Leben auch.

19. Geiz ist geil.
Alles hat seinen Wert. Wer im Leben nicht gibt, wird auch nichts empfangen. Geiz heißt eben auch, dass du deinem Gegenüber seinen Preis für seine Ware nicht gönnst.

20. Von nichts kommt nichts.
Dass kein Mensch nichts haben kann, halte ich persönlich für sehr vermessen.

21. Du bist es nicht wert.
Jeder Mensch ist einzigartig und wertvoll. Du hast immer einen Wert und du bist es immer wert, bedingungslos geliebt zu werden.

22. Die meisten wollen nur dein Bestes, dein Geld.
Und wieder einmal wird Misstrauen gesät. Geld ist mehr wert als du.

23. Ruhe dich nicht auf deinen Lorbeeren aus.
Das ist ein schlechtes Gewissen vorprogrammiert und es steht auch das Gefühl, immer hart arbeiten zu müssen. Wer sein Tun wirklich liebt, kennt keine Langeweile und wird sich auch nicht ausruhen. Das Ruhen liegt im Handeln.

24. Haste nichts, dann bist du nichts.

Und schon wieder geht es nicht darum, wer du bist. Dein Fokus wird darauf ausgerichtet, auf das zu schauen, was du nicht hast.

25. Ohne Moos nichts los.
Zu einem wird mit dem Wort Moos der Wert des Geldes umgangssprachlich heruntergespielt, ebenso wie dein Können, deine Begeisterungsfähigkeit, eben du selbst. Es wird nicht anerkannt, dass du dein Leben so gestalten kannst, dass es eben nicht viel Geld bedarf. Es wird nicht anerkannt, dass die Menschen, die dich umgeben, es deinetwegen tun.

26. Wie gewonnen, so zerronnen.
Einer der schwierigsten Glaubenssätze im Leben, dem es gilt, dem Garaus zu machen. Vielleicht hilft dir einfach die Vorstellung, dass nicht alles fließen und somit nicht zerrinnen kann. Oder anders gesagt: im Universum geht nichts verloren.

27. Außer Spesen nichts gewesen.
… sagt etwas zu deinem Geschick. Oft genug gesagt, vermittelt dieser Satz dir den Eindruck, dass du Geld an falscher Stelle zu viel ausgegeben hast beziehungsweise eben nicht gewinnbringend war. Lass es mich so sagen, alles hat seinen Preis und du würdest nicht zu den Ersten gehören, die Geld ins Bodenlose investiert hätten. Es ist eben ein Lerneffekt. Verloren wäre das Geld erst dann, wenn du

nichts aus der Investition gelernt hättest und aufgibst.

Und das ist so schade, dass wir mit unserer erwachsenen Vorstellung, wie alles sein müsste und sein sollte, die Urkraft kindlicher Vorstellungskraft zerstören. Dabei ist es genau diese Gabe, die göttliche Schöpferkraft, die uns ein Vertrauen gibt, dass wir unsere Ziele auch erreichen. Wir „großen Kinder" kennen 1000 „Aber" und haben uns in diesen 1000 „Aber" verloren. Mit einem großen Misstrauen lassen wir uns verführen, Bühnen zu betreten, um zu kämpfen. Wir haben uns selbst verloren. Wie Prof. Gerald Hüther so schön sagte: „Wir haben uns verwickelt statt entwickelt."

Ob ein Glaubenssatz für dich negativ ist oder nicht, das liegt in deiner Hand. Es kommt ganz darauf an, was diese Glaubenssätze mit dir machen. Bestärken sie dich oder nicht? Bringen dich die Glaubenssätze ins Handeln oder übst du dich durch sie nur in Akzeptanz? Motivieren dich deine Glaubenssätze oder limitieren sie dich?

Die Glaubenssätze zu affirmieren, kann zunächst einmal ein Gefühl von Glück erzeugen, aber letzten Endes haben deine negativ empfundenen Glaubenssätze dich verletzt. Das heißt, es sind nicht nur böse Erfahrungen, sondern Emotionen, die dich in Verbindung mit ähnlichen Situationen erneut in dein verletztes Gefühl (Schattenkind) hineinkatapultieren. Dass du dir deine Glaubenssätze ins Bewusstsein rufst und bewusst wahrnimmst, ist schon einmal der erste Schritt in die richtige Richtung.

Nun gilt es, diesen Schmerz anzunehmen. Es hat keinen Sinn, sich gegen den Schmerz zu wehren. Das gilt auch für den körperlichen Schmerz. Körperliche Schmerzen hängen auch mit deinem angepassten Gefühlsleben (Unterdrückung derselben) zusammen. Diese haben dich Jahrzehnte überleben lassen oder, anders gesagt, anpassungsfähig gemacht. Für die nicht ausgelebten seelischen Schmerzen zahlst du mit deiner Gesundheit. Kurzfristig mag es Sinn ergeben, jeglichen seelischen Schmerz zu unterdrücken, langfristig wirst du körperlich daran erkranken. Das ist kein Geschenk. Glaube es mir mal einfach. Und natürlich kannst du mit Medikamenten deine Anspannungen, die du während der seelischen Verletzung aufgebaut hast, behandeln. Im Grunde genommen schadest du dir mit dieser Einstellung mehrfach. Verstehe mich nicht falsch, es ist deine Entscheidung und deine Verantwortung, mit der du dein Leben meisterst. Ich möchte aber nicht die Gelegenheit verpassen, dir zumindest andere Möglichkeit aufzuzeigen, die die moderne Medizin und die natürliche Medizin zusammenführen.

Zurück zu den Glaubenssätzen, die dich emotional stressen und den inneren „Zerfleischungsprozess“

in Gang setzen. Ich wechsle nun bewusst in mein Leben und berichte dir von mir an dieser Stelle. Das schönste und zugleich schmerzhafte Beispiel ist folgender Glaubenssatz: „Ich bin es nicht wert." Dieser Satz bringt mich persönlich in eine innerliche und äußerliche Trauerposition. Mein Kopf neigt sich, meine Wirbelsäule sackt zusammen, mein Körper gerät in eine Schieflage. Jahrzehntelang habe ich geglaubt: „Ich bin es nicht wert." Da ich aktuell noch nicht genau lokalisieren kann, wo der Ursprung dieses Glaubenssatzes liegt, erschwert sich die Auflösung dieses Glaubenssatzes. Ich bin mir sicher, dass ich mir durch bestimmte mehrfache Erlebnisse im Kindes- und Jugendalter diesen schmerzhaften Glaubenssatz angeeignet habe. Ich bin mir auch sicher, dass der Mangel an Selbstliebe maßgeblich verantwortlich für meinen Beckenschiefstand und den daraus resultierenden Folgeerkrankungen wie zum Beispiel Arthrose ist.

Trotzdem gebe ich nicht auf. Die Medizin konnte mir bisher nicht helfen, außer mit den Worten: „Eine Hüftoperation sollten sie so lange wie möglich hinauszögern und den Schmerz aushalten."

Nun gut, mein Selbstbewusstsein und mein Selbstvertrauen, lässt mich das mit links aushalten und schleppt mich seither durch diese schmerzvolle Zeit. Ich weise an dieser Stelle vorsichtshalber darauf hin, dass ich bewusst diese Art zu leben annehme. Bewusst reduziere ich den Massenkonsum von tierischen Lebensmitteln, um den Schmerz von Arthrose und die Steifheit der Glieder zu umgehen.

Ich nehme also den Schmerz an und beobachte, in welche Situationen ich gerate, die den Schmerz und das Schattenkind „Ich bin es nicht wert“ aufkochen lassen. Ich akzeptiere dann solche Situationen. Auch mit dem Bewusstsein, dass sich meine innere Welt im Außen widerspiegelt. In zweiter Instanz wende ich „The Work“ von Byron Katie an. Spätestens hier muss ich schmunzeln, weil meine Wahrnehmung so an meinem Glaubenssatz anhaftet und nicht der Realität entspricht. Seinen Selbstwert durch die Anhäufung von Besitz stärken zu wollen, wirkt nur kurzfristig und die Sucht nach dem dauerhaften Konsum entfacht dadurch wie ein Feuer. Eine endlose Abwärtsspirale, die sinnlos und schädigend ist. Es ist schädigend, für das eigene Portemonnaie; für dein inneres Kind, das unten gehalten wird; für dein Potenzial, sich zu entwickeln; für deine Intelligenz und für deinen Körper.

Um mich zu entwickeln, darf ich also lernen, meinen Glaubenssatz loszulassen. Ey, das ist megaschwer! Ich habe mich in all den Jahren an den Schmerz gewöhnt. Es ist ein Muster, das mir bekannt ist und mir Vertrauen gibt. Ich kann nicht in irgendeinem anderen Menschen vertrauen als mir selbst. Und ich selbst wurde so oft kleingehalten, dass ich mich äußerst schwer damit tue, mir selbst zu vertrauen. Obwohl ich längst weiß, dass „ich einen Wert habe". Ich glaube mir aber noch nicht, weil ich mich an den vertrauten Schmerzen klammere. Es ist absurd, widerspricht jeglicher Logik! Und das treibt mich gelegentlich in den Wahnsinn.

Ich schreibe das hier auf, weil ich den Menschen, die immer so großartige Sprüche auf den Lippen haben, sagen möchte: „Steck du erst mal in den Schuhen des anderen, bevor du urteilst." Das wird niemals passieren, aber genau deshalb ist es so wichtig, anzuerkennen, dass wir alle vor Herausforderungen stehen, die gewollt sind und uns entwickeln lassen sollen.

Eines Tages werde auch ich mich heilen, in meinem Mangel an Vertrauen und meinem Mangel in Liebe.

Deswegen ist es wichtig, sich in Nachsicht gegenüber anderen zu üben. Lass es mich hiermit klarstellen, keiner ist nur einen Deut besser als der andere. Das Einzige, das stärker und besser ist als der andere, sind unsere Egos.

Kurz zusammengefasst, das Loslassen ist einfacher gesagt als getan. Glaube mir, der Mensch ist ein Wunder im Bereich Selbsthypnose. Sich jeden Tag mit der gleichen „Scheiße" zu beschäftigen, ist ein Indiz für unsere Sehnsucht nach Liebe und den Mangel an emotionaler Intelligenz.

Was wäre also mein Tipp für das Erlernen des Loslassens? Manchmal ist es ratsam, Außenstehende hinzuziehen. Einen Psychologen um Hilfe zu bitten, kann helfen, allerdings hier der kleine Hinweis: „Der Schuster hat die schlechtesten Leisten.“ Nimm einfach mehrere Psychologen, um den möglichen Mangel an Kenntnisse zu reduzieren.

Im Internet findest du aktuell eine Menge an sogenannten „Speakern“, die in ihrer Häufigkeit einen wahren Schatz an gesammelten Erkenntnissen haben. Das Ganze sogar kostenlos bzw. du zahlst mit deiner E-Mail-Adresse und mit deiner Zeit. Allerdings gilt auch hier, das, was du glauben möchtest, liegt in deiner Hand. Nur du kennst deine innere Wahrheit. Kein anderer.

Zusammenfassung über die Wirkung von Glaubenssätzen

All diese Glaubenssätze wurden dir beigebracht, weil diese dich (gut gemeint) schützen sollen. Ihre wahre Bestimmung ist aber, dich von dir und deiner Kraft abzulenken und abzuhalten. Du sollst nicht vertrauen, denn dann würdest du an dich glauben. Und der Glaube darf wohl dann nur in Bezug auf das Vertrauen zu deinen Eltern und zu Gott sein.

Auf jeden Fall unterhalten diese Glaubenssätze. Sie halten dich unten. Die Glaubenssätze dienen dazu, dir etwas vorzugaukeln, damit du gar nicht erst zu deinem wahren Glück kommst. Wen wundert es da noch, warum Menschen, die über Intelligenz verfügen, auch noch reich sind? – glaube mir, das ist kein Zufall! Im Mittelalter gab es die Gaukler, die die Menschen in die Irre führten. Heute sind es die Medien, die mit ihren Serienformaten auf den Privatsendern die limitierenden Glaubenssätze gebetsmühlenartig wiederholen.

Die anderen sind Wegweiser und wichtige Helfer in deiner persönlichen Entwicklung. Selbst dein größter Feind hat einen wertvollen Nutzen für dich. Was nicht heißen soll, dass du diesen Menschen dann mögen müsstest.

Du könntest auch Hypnotiseure, Heilpraktiker, Kinesiologen, Kartenlegerin, Schamanen oder wenn auch immer aufsuchen. Alles ist möglich und erlaubt. Du entscheidest. Hauptsache, es hilft dir. Du kannst dir Fachlektüre aneignen. Ich habe mich in den Jahren mit so einigem beschäftigt, die Quintessenz für mich daraus gezogen und weiß, entscheidend ist die Umsetzung, nicht das Denken.

Für mich sind noch entscheidende Faktoren im Außen, die aufgrund meiner inneren Einstellung noch existieren. Mein aktueller Beruf, der von mir ohne Herzblut ausgefüllt wird, hält mich in Ketten. Beziehungsweise ich halte mich in Ketten, da ich ein auf Sicherheit bedachter Mensch bin. Es ist nicht so, dass bereits die Lösungen vor mir liegen, allerdings verbleibe ich in meinen selbst gewählten Schmerzen und der Sucht nach Selbstbestrafung.

Wenn ich schon mit den Worten spiele, dann will ich dir auch erzählen, was dich und deinen Erfolg be-/hindern kann. Die Macht der Worte, sie passieren. Sie sind wie Sandkörner, die in dein Getriebe geschmissen werden, und zack, das war‘s.

„Komm heile nach Hause“ oder „fahr vorsichtig“. Ein Satz, der dein Schicksal auf Messers Schneide stellt. Dein Unterbewusstsein nimmt nämlich wahr: „Ach, es könnte mir ja auch was passieren“ oder „jetzt muss ich vorsichtig fahren und aufpassen“. Auweia. Nebenbei gefragt, bist du ein Pessimist oder ein Optimist? Bei diesen gut gemeinten Ratschlägen wie „fahr vorsichtig“ kommt es nämlich genau darauf an, ob du eben ein Optimist oder Pessimist bist. Realisten sind hier mal nicht erwähnt.

Wenn du ein Pessimist bist, dann fährst du bei solchen und ähnlichen Ratschlägen automatisch mit der Angst. Wenn du ein Optimist bist, reagierst du auf solche Ratschläge bedeutend gelassener und fährst vermutlich dankend und beruhigt. Ich habe derartige gut gemeinte Ratschläge lange Zeit gehasst. Für mich waren sie eher Ermahnungen. Deswegen sage ich bei Verabschiedungen immer: „Ich freue mich, wenn wir uns wiedersehen, und wünsche dir eine gute Fahrt."

Folgenden Satz liebe ich auch ganz besonders: „Erst mal kleine Brötchen backen." Dein Unterbewusstsein nimmt wahr: „Investiere behutsam und warte ab." „Erst mal klein anfangen." Da ich schon ein wenig Erfahrung im Bereich Unternehmensgründung habe, kann ich dir sagen, das funzt nicht so richtig.

Um die Macht der Worte zu begreifen, ergibt es Sinn, sich selbst beim Reden zuzuhören. Ich bin mir sicher, dass du schnell merkst, dass du möglicherweise noch oft negativ sprichst. Es wurde schon festgestellt, dass von den 60.000 gedachten Gedanken, die wir am Tag denken, zwei von drei Gedanken negativ behaftet sind.

Wer sich seiner Worte bewusst ist, spricht achtsamer. Achtsamer sprechen hielt ich bis vor Kurzem für unmöglich. Seitdem ich weiß, dass jedes gesprochene Wort in meinem Unterbewusstsein arbeitet und auf meine Entscheidungen und Wahrnehmungen Einfluss nimmt, spreche ich bedachter.

Eine Frage, die mich zwischendurch beschäftigte, war: Wie kann ich mich also vor den kleinhaltenden und unterdrückenden Gedanken anderer schützen?

Der mächtigste Schutz, um sich vor den Manipulationen zu schützen, ist zu schweigen. Manche Menschen lassen schon so viel Gift beim Reden aus ihrem Mund, dass du dich einfach nur dankend verabschieden kannst. Diskutiere erst gar nicht. Verteidige dich auch nicht. In dem Moment, wo du dich verteidigst, lädst du dein Gegenüber ein, sich sein Recht haben zu erkämpfen. Selbst die Menschen, die dir nahestehen, gilt es, von sich zu schieben, wenn du merkst, dass sie dich für ihre Gefühle verantwortlich machen wollen. Nein, das ist nicht dein Problem. Damit gemeint ist aber nicht, grundsätzlich nach dem Motto „mir doch egal und nach mir die Sintflut" zu leben. Nein, definitiv nicht. Einfaches Beispiel, wenn jemand der Meinung ist, dass du zu nichts taugst, dann ist es schade, dass dieser Mensch wohl eine Bindungsschwäche hat und zu wenig geliebt wurde. Ein Mensch, der das Leben liebt, wird dir immer das Beste von Herzen wünschen. Unabhängig davon, ob dieser Mensch mit dir verwandt ist oder nicht. Dieser Mensch, der dir das Beste wünscht, hat in Demut gelernt, was lieben heißt.

Ein weiterer Schutz ist es, zu hinterfragen: Wie kommt dein Gegenüber zu solchen Meinungen? Betrachte die Gesamtsituation des Sprechenden. Wie ist der Lebensweg dieser Person? Frage dich, ob der Lebensweg deines Gegenübers dein Lebensweg ist? Mit welchen Menschen umgibt sich dein Gegenüber? Wie ist dein Gegenüber aufgewachsen? Welche Stärken hat dein Gegenüber? Schätzt du diesen Menschen? Was hat dein Gegenüber bisher an nennenswerten Leistungen erbracht? Kann die Realität deines Gegenübers auch deine sein? Übernimmt dein Gegenüber Verantwortung für sein Leben? Oder hält sich dein Gegenüber mit den Worten anderer viel auf und ist selbst nicht in der Lage Erkenntnisse aus seinem eigenen Handeln zu ziehen? Handelt dein Gegenüber oder erzählt dieser nur von anderen und anderen Situationen? Wo zeigen sich möglicherweise die inneren verletzten Kinder? Frage dich, ob das, was dein Gegenüber sagt, wirklich wahr ist? *(The Work). Diese Personen, die übermäßig viel von Hinz und Kunz erzählen, die oft mit und von „man“-, „man müsste“-Sätze sprechen … all das ist ein Indiz dafür, dass diese Person noch nicht Verantwortung für sich selbst übernommen hat.

Wichtig ist in diesem Zusammenhang, dass du solche Erlebnisse nicht als unwichtig und auf dich nicht zutreffend für dich abspeicherst. Jeder Mensch, den du triffst, nimmt Einfluss auf dich. Nur mit dem richtigen emotionalen Umgang schaffst du es, klar für dich zu werden und immer schneller für dich und dein Leben Verantwortung zu übernehmen. Das sollte dein Ziel sein, Verantwortung für dich zu übernehmen. Sei dankbar für die Menschen, denen du begegnest. Auch für solche, die sich als Energieräuber herausstellen, die nur über das Wetter, das aktuelle Mediengeschehen, aber nicht selbst von sich berichten können. Auch solche Menschen stehen da im Leben, wo sie gerade mit ihrem Background eben stehen können.

Bedürfnisse

Bedingungslose Liebe
Die Generation meiner Eltern ist zu der Zeit aufgewachsen, wo sich die Menschen in Liebe geübt hatten. Kinder aus dieser Zeit wurden wenig geliebt, jedenfalls nicht in der Art und Weise, wie sie sich gewünscht und erhofft hatten. Sie gehören zu der Nachkriegsgeneration. Dieser Schmerz der nicht erfahrenden Liebe wurde eben an die Kinder weitergegeben bis hin zu den Kindeskindern. Der Mangel an Liebe, an bedingungsloser Liebe, wenig anerkannter Wertschätzung überdauert Generationen. Die Illusion, dass ein Partner oder die eigenen Kinder diese Lücke vom Mangel der bedingungslosen Liebe erfüllen könnten, wird eine Illusion bleiben. Denn das kann nicht passieren und wäre, nebenbei gesagt, fatal. Denn der Partner oder die Kinder werden diese Erwartungshaltung nicht verstehen oder umsetzen. Sie sind nicht die Mutter. Das Band zwischen Mutter und Kind ist ein besonderes und nicht nachahmbar. Das Schlimme an dieser Geschichte ist, dass der Partner und die Kinder das Gefühl erleben, dass sie selbst nicht genug seien oder falsch wären. Das wiederum stimmt nicht und ist ein Trugschluss.

Die zweite Generation aus der Nachkriegszeit fühlt sich verantwortlich für die Harmonie in der Familie. Sie glauben, sie seien für die Disharmonie in der Familie verantwortlich. Das Ganze wird dann auch noch in alle anderen Beziehungen des Lebens getragen. In die Arbeit, in die Vereinszugehörigkeiten, in Bekannt- und Freundschaften. Die zweite Nachkriegsgeneration sind die Harmoniesüchtigen.

Dieser Mangel an Liebe, den auch ich verspür(t)e, schlägt sich eben auch auf meinem Kontostand nieder. Der Mangel an Liebe geht eben auch mit mangelndem Selbstbewusstsein, Ängsten, mangelnder Selbstliebe und mangelnder Selbstfürsorge einher. Tatsächlich bestrafe ich mich auch heute noch. Ich erfahre keine Liebe (ungenügende Selbstliebe) und du weißt ja sicherlich, wenn Eltern mit einem sauer waren, was haben sie gemacht? Sie haben einen bestraft oder sich abgewendet. Und genau dieses Muster führe ich unbewusst weiter und übe mich täglich darin, dies wahrzunehmen und zu verändern. Ich kümmere mich bewusst nicht um den guten Umgang mit meinem Geld. Ich strafe mich mit dem Minus meines Kontostandes. Ich halte fest daran, dass ich es nicht wert bin, geliebt zu werden. Dass ich es nicht wert bin, Geld zu verdienen. Und das tue ich deshalb, weil ich oft genug erfahren habe, nicht gut genug zu sein. Nicht gut genug für Liebe zu sein. Ich betrete immer wieder die Bühne, kämpfe um Aufmerksamkeit und Anerkennung und gehe damit meiner Sucht nach Strafe nach.

Zurück zu meinen Sorgen. Ich hatte sehr gut ignoriert, um was ich mich eigentlich im Leben sorgte.

Ich sorgte mich um unsere Gesundheit. „Ob ich wohl alle unsere Arztbesuche bezahlen könnte?“, waren Gedanken, die in meinem Kopf kreisten. Ich sorgte mich darum, ob das Geld wohl reichen würde. Ich sorgte mich darum, ob ich gut genug bin. Ich sorgte mich darum, ob ich es verdiente hätte, viel Geld zu verdienen. Ich sorgte mich darum, ob ich ohne all mein Hab und Gut was wert wäre.

Dies führte dazu, dass ich mich auf das konzentrierte, was ich nicht haben konnte, als mich auf das zu fokussieren, was ich bereits hatte. Ich schätzte weder meine Familie, meine Tiere oder mein Hab und Gut. Ich konzentrierte mich auf die negativen Aspekte, die damit einhergingen. Dabei hatte niemand Schuld an meiner Unzufriedenheit. Ich erkannte, dass ich mich nicht schätzte. Dass ich mich nicht für gut genug hielt. Ich glaubte nicht daran, dass ich all das, was ich bisher erreicht hatte, auch verdient hätte.

Ich hasste einfach alles im Leben. Das wiederum führte zu der Erkenntnis, dass ich es hasste, dass ich mein Potenzial nicht entwickelte und zeigte. Mich in Abhängigkeiten brachte, um ja genügend Ausreden zu haben, warum ich mich nicht traute, beispielsweise ein Buch zu schreiben. Ich war voller Angst und hatte nur wenig Mut, für mein Handeln Verantwortung zu übernehmen. Immer verdiente ich zu wenig Geld. Die anderen würden meine Leistungen gar nicht erkennen. Mein Mann würde mich nicht genug lieben. Meine Kinder wären undankbar. Nichts von dem ist wahr. Ich habe diese Umstände erzeugt, weil ich Angst hatte, dass ich so gesehen werde, wie ich gesehen werden möchte. Ich fuhr mit angezogener Handbremse durchs Leben und war superängstlich, mal die Handbremse zu lösen. Unsere wahre Angst besteht darin, uns zu zeigen. Immer schön angepasst und mit vielen Airbags um unsere Ecken und Kanten. Wir haben Angst davor, unsere Verletzlichkeit zu zeigen.

Es ist doch so, wenn ich für meine seelische Balance Verantwortung übernehme, dann wird sich auch mein Umfeld wohlfühlen und sich geliebt fühlen. Wenn ich in Disharmonie mit mir selbst lebe, werde ich kämpfen und Kampfgegner suchen und leider auch finden.

Dieses Muster gilt es zu unterbrechen und zu durchbrechen.

Zeig deine Verletzlichkeit und löse deine Handbremse. Sei mutig, schalte in einen Gang nach den anderen und habe Spaß. Das Leben ist ein Spiel. Du entscheidest, wer du bist, wie du bist, was du kannst und was du willst. Kein anderer kann das für dich tun. Hier an dieser Stelle stehst nur du. Also leg mal deine Schutzausrüstung beiseite und gib mal endlich Gas. Dir kann nichts passieren. Dir kann es nur passieren zu leben.

Aber nun erst mal step by step.

Sehnsucht

Für deinen Erfolg und für deinen Reichtum empfinde ich es als elementar wichtig, der Frage „wonach sehnst du dich?" und dem Warum dazu auf die Spur zu gehen. Ich hatte berichtet, dass mir die Nicht-Teilnahme an der Klassenfahrt nach London bis heute zu schaffen macht. Die Frage ist natürlich: „Warum?" Ich denke, dass dieses nicht stattgefundene und das daraus resultierende nicht geteilte Erlebnis einen Schmerz hinterlassen haben. Schmerzen sind im Übrigen nichts anderes als Trauer. Die Traurigkeit über einen Verlust.

Die Frage ist auch, was macht diese unerfüllte Sehnsucht mit mir oder auch mit dir? Was machen deine Sehnsüchte mit dir? Klar, es ist die Emotion von Vermissen, die sich dahinter verbirgt. Eine Sucht geht immer mit einem gewissen Schmerz einher. Eine Leere, die eben gefüllt werden möchte. Eine Leere verbunden mit der nicht erlebten Erfahrung. Ich glaube, dass es im Leben wichtig ist, eben bestimmte Kapitel / Phasen zu durchlaufen. Wie zum Beispiel: Verliebt, verlobt, verheiratet. Ich glaube, dass die Phasen zum einem ihren physischen Ursprung haben (Wachstum und Hormone) zum anderen aber auch kulturelle und soziologische Hintergründe, die unser Herdentrieb, unser soziales Gefüge bestimmen. Nun ist es nicht untypisch, dass aus diesem Netzwerk, welches genetisch Einfluss auf unseren Trieb nimmt, nicht immer erfüllt werden kann oder wird. Wichtig ist aber, dazu eine Art Zusatzprogrammierung vorzunehmen. Die Zusatzprogrammierung lautet hier: Begleitung. Wie ist es möglich, eine nicht erlebte Erfahrung zu einer heilsamen Erfahrung umzukehren?

Um meine versäumte Klassenfahrt nun wieder als Beispiel heranzuziehen: Ich könnte jetzt meinen Vorteil und Nutzen daraus ziehen. Zum einen, die Zeit war für mich noch nicht reif, zum anderen würde ich jetzt bei einem Besuch in London die Stadt ganz anders wahrnehmen. Wahrscheinlich würde ich mich trauen, mich deutlich mehr auf Englisch zu unterhalten, weil ich jetzt die Lust dazu habe. Vielleicht passiert etwas in London, was nur auf mich wartet. Aufgeschoben ist nicht aufgehoben. Nicht ich warte darauf, dass ich London besuchen werde, sondern London wartet auf mich, dass ich es nun besuche. Mein zukünftiger London-Trip wird zu einem Ereignis, das ich nicht vergessen werde. Meine Sehnsucht entstand aus der Angst, dass ich es nie nach London schaffe.

Warum solltest du Sehnsüchte überwinden wollen und was hat das mit Erfolg zu tun?

Ganz klar, jede Sehnsucht belastet eine Ressource. Sehnsüchte beeinträchtigen die körperliche Unversehrtheit und Geld kann schnell zum Heil-/Allzweckmittel werden. Und ich möchte dir die

Gelegenheit geben, beim Kauf und Konsumieren auf deine Motivation achtzugeben.

Beim Kauf von wertlosen Gegenständen solltest du dir mindestens dreimal überlegen, welchen Zweck dieser Gegenstand erfüllen soll? Deine Kaufentscheidungen zu analysieren, ergibt an dieser Stelle Sinn.

Welche Gründe könnte es geben, warum du mehr einkaufst, als du eigentlich möchtest?
Du hast gerade eben deine Sehnsüchte aufgeschrieben, die gleichzeitig nichts anderes sind als Bedürfnisse.

Sehnsüchte zum Fest der Liebe

Zu Weihnachten lassen sich deine Sehnsüchte besonders gut analysieren. An Weihnachten möchten es sich die Menschen in ihren Behausungen liebevoll und lichtvoll gestalten. Bei Kerzenschein, flackerndem Kaminfeuer, Gebäck, Tee, Kuchen oder Wein, so kann der tristen und trüben Jahreszeit entgegengetreten werden. Die Tradition und das Gefühl, mit anderen Menschen dichter auf Tuchfühlung zu gehen, indem man gemeinsam Feste feiert, liegt tief verwurzelt in unseren Genen. Wer nicht das Fest der Liebe feiert, der hat seine Gründe, wie zum Beispiel keine Angehörige, keine Freunde und keinen Menschen zu lieben (mal abgesehen von der Religionszugehörigkeit). Die Einsamkeit an den Feiertagen wird mit Alkohol und reichlich Schlaf verbracht, um die Traurigkeit nicht wahrzunehmen oder sich im schlimmsten Fall hineinzusteigern. An dieser Stelle oute ich mich. Ich bin kein Mensch, der für das übertriebene Ausführen von Traditionen ist. Mir wird das mittlerweile zu zwanghaft praktiziert und von Liebe ist keine Spur. Denn bei uns daheim ging es zu Weihnachten oft hoch her. Von Entspannung keine Spur. Der Ärger und die Frustration, herbei geführt durch die Nichterfüllung der Perfektion. Anfangs lebte ich in meiner Ehe diese Werte. Gott sei Dank ließ ich schnell davon ab. Da mein Mann es auch nicht mit Traditionen hat und alles auf meinen Schultern lastete, fiel es mir leicht, dem Fest der Liebe einen Tritt in den Allerwertesten zu verpassen. Die perfekt-gestylten Menschen in der Kirche gaben mir den Rest. Es wirkte alles gekünstelt und ich wusste, dass es in deren vier Wänden weniger harmonisch zuging. Schließlich erzählten mir dann einige von ihrem anstrengenden und frustrierenden Weihnachten.

Da es mir im Leben um Liebe geht, hinterfrage ich selbstverständlich, ob zwanghafte, unehrliche und künstliche erzeugte Harmonie es wert sind. Wir haben als Familie Abstand von Festen genommen. Wir feiern sie, aber es ist vollkommen in Ordnung, eben nicht das klassische Fest zu feiern, sondern mit den klassischen Gefühlen dazu. Denn darum geht es ja schließlich.

Worum geht es also zu Weihnachten? Um den explodierenden Konsumrausch? Oder um die Perfektion, um die Bilder und Geschichten aus den Weihnachtsbüchern, die wir zu Weihnachten gezeigt und vorgelesen bekommen hatten, zu erfüllen? Vielleicht waren es auch die großartigen Illustrationen auf den beispielsweisen Adventskalendern, Zeitungen oder eben in den Filmen. Wer weiß das schon so genau? Zum Ende des Jahres soll eben alles noch mal einen Schwung besser werden.

Es muss der Adventskranz, der Adventskalender, die braven Kinder, die Geschenke, der Tannenbaum und das Weihnachtsmahl sein. Nichts wird mehr dem Zufall überlassen. Jetzt heißt es, abstrampeln, bis der Arzt kommt. Kein Wunder, dass zu Weihnachten der Ehekrieg und die ätzenden Kinder vorprogrammiert sind. Mir persönlich ist es das nicht wert. Ich vermisse die Liebe, die Entspanntheit, die Freude meiner Mitmenschen in dieser Zeit. Kaum einer hat mehr Zeit für spontane Treffen. Die Augen meiner Liebsten werden trüb. Selbst die Kinder benehmen sich wie sonst nicht. Sie sind angespannt, versuchen, brav zu sein, damit der Weihnachtsmann die Geschenke bringt.

Tatsächlich durfte ich miterleben, als Kinder nichts zum Nikolaus bekamen, weil sie nicht brav waren. Es tut mir leid, aber hier meine bescheidende Frage: Seit wann sind denn Erwachsene zu Weihnachten brav? Die Kinder müssten ihren Eltern zur Adventszeit verbieten zu meckern, zu schimpfen und zu drohen, sonst wird nämlich kein Weihnachtsgeld bezahlt.

Also, um zum Ausgangspunkt zurückzukommen, wenn du deine Sehnsüchte kennst, warum erfüllst du sie dir nicht und wartest auf … ja, was oder wen eigentlich?

Zum Fest der Liebe, darüber hinaus auch, glaube ich an das Symbol für Weihnachten. Ich glaube an Frieden, Freude und Liebe. Und seitdem das so ist, dass ich an Frieden, Freude und Liebe glaube, erlebe ich dich die Adventszeit als sehr viel friedvoller. An Liebe und Wunder zu glauben, kann in deinem Leben nur einen Mehrwert bringen. Du bist nicht mehr abhängig von irgendjemanden oder irgendetwas. Du kreierst dir deine eigene Welt im Herzen und im Kopf. Das hat zur Folge, dass sich eine Zufriedenheit bei dir einstellt. Vielleicht eben auch ein zauberhaftes Lächeln bei dem Gedanken daran, dass dich im Herzen was begleitet, das dir Freude bereitet. Ich trage zu Weihnachten Frieden, Freude und Liebe, in Form meines Gedankens an den Weihnachtsmann, im Herzen. Das überträgt sich nach außen. Die Menschen erleben mich als wundervoll, bestenfalls auch als geheimnisvoll. Und das wiederum macht die Türen auf für liebevolle Menschen, die sich dadurch angezogen fühlen. Schau, mir ist es gleich, an wen oder was du glaubst. Hauptsache an dich selbst und in Liebe.

Dann ist es mir wichtig, zu erfahren, welches Bedürfnis hinter den Sehnsüchten steckt. Meines Erachtens ist die Antwort diese: dass die von uns nicht erfüllten Erwartungen und Hoffnungen uns sehnsüchtig werden lassen. Sehnsucht führt wiederum zu Schmerzen.

Bei den Sehnsüchten geht es darum, sich nicht als komplett zu empfinden. Bei Sehnsüchten geht es darum, nach Erlebnissen zu haschen, die einem das Gefühl geben, ganz zu sein. Nicht mehr suchen zu müssen. Sich als eins zu erfahren.

Wir werden es im Leben nicht verhindern können, dass Lücken in uns entstehen, die sich nach Erfüllung sehnen.

Dass es bei jedem eine vermeintlich andere Sehnsucht ist, begründet sich darin, dass das fehlende Ereignis, das fehlende Schlüsselerlebnis bzw. der Auslöser für die Sehnsucht ein anderer ist. Die Sehnsucht ist die Sucht nach fehlender Liebe, das Gefühl nicht gesehen zu werden. Kurzum Sehnsucht ist eine Erfahrung aus Mangel an Liebe.

Hast du denn schon mal etwas von Schattenkindern gehört? Der Begriff Schattenkinder wirkt zunächst befremdlich, ist allerdings zutreffend, da es um die Kindheitserlebnisse und die Gefühle geht, die ein „Trostpflaster“ bekommen haben und somit ungewollt in den Schatten unterdrückt wurden.

Es geht zunächst einmal um dein inneres Kind. Mit deinem inneren Kind sind der Verlauf bzw. die Intensität deiner Gefühle gemeint. „Wie“ deine Gefühle zum Vorschein kommen, das wird bereits in deinen ersten sieben Lebensjahren geprägt. Und im Erwachsenenalter hast du teilweise selbst das Gefühl, überzureagieren. Möglicherweise beneidest du aber andere, die in gewissen Situationen souveräner wirken. In unserem Kindsein wurden wir von unseren Bezugspersonen unwissentlich verletzt. Einige solcher Beispiele, habe ich anhand meiner persönlichen Erlebnisse hier im Buch schon vorgestellt. Dass sich zum Beispiel manche Menschen generell als Versager oder Verlierer fühlen oder einfach nur ungeliebt und aggressiv sind, das hängt eben damit zusammen, dass sie sich mit ihren Schattenkindern nicht auseinandergesetzt haben. Aber wer glaubt denn, dass die Verletzungen aus der Kindheit bis ins Erwachsenenalter eine dermaßen entscheidende Rolle spielen? Als ich anfing, mich wahrzunehmen, da passierte eben genau das, dass ich mich kaum mehr an meine Kindheit erinnern konnte. Erst dachte ich, das sei normal. Mit der Zeit lernte ich, dass das eben nicht normal ist. Je mehr ich meine Schmerzen, die ich je im Leben verspürt hatte, wieder zuließ, umso mehr konnte ich mich auch an meine Kindheit erinnern. Tatsächlich kann ich mich sogar an den Lernstoff aus der Schule wieder erinnern. Ich hätte niemals gedacht, dass ich mit dem Wegsperren meiner Gefühle auch mein Schulwissen vergraben hatte. Wenn du erfolgreich werden willst, ist es wichtig und insbesondere, wenn du eine gute Führungskraft werden möchtest, dass du dich mit deinen inneren Schattenkindern auseinandersetzt. Nur so als Tipp: Wenn dich Leute schnell auf die Palme bringen, wo andere cool und locker bleiben, dann kann es sein, dass dein inneres Schattenkind sich zum Vorschein bringt und eben überreagiert.

Affirmationen zu Sehnsüchten
(Created by Monika Wenn)

- ✓ Alles, was mich quält, ist der Glaube, dass ich es nicht besser verdient hätte.
- ✓ Meine Sehnsucht ist der Schmerz meiner Seele, die zum Ausdruck bringt, geliebt zu werden.
- ✓ Ich warte nicht darauf, dass jemand oder etwas mir meine Sehnsucht abnimmt. Ich nehme sie selbst an und gebe meiner Seele, was sie sich ersehnt.
- ✓ Ich schenke meiner Seele die Aufmerksamkeit, die sie benötigt.
- ✓ Ich erkenne an, dass ich für mein Glück Verantwortung übernehmen darf.
- ✓ Ich darf mich glücklich schätzen, Sehnsüchte zu haben, denn Sehnsucht ist der Stoff, aus dem Träume entstehen. Und Träume sind der Stoff, aus dem Visionen entstehen. Und Visionen sind der Stoff, die mich einladen zu handeln und die Vision Wirklichkeit werden zu lassen.
- ✓ Meine Sehnsucht wartet auf Erfüllung.
- ✓ Die Erfüllung passiert dann, wenn ich mir einen konkreten Termin dafür gesetzt habe.
- ✓ Ich liebe die Sehnsüchte und ihre Schmerzen, denn das zeigt mir, dass ich lebe und dass mein Leben gelebt werden möchte.
- ✓ Meine Sehnsucht ist der Pfad zur Entfaltung meines Lebens-/Seelenplans.

- ✓ Die Sehnsucht ist ein starker Ausdruck meiner Seele, aktiv zu werden.
- ✓ Für meine Sehnsucht offen zu sein, bedeutet für die Liebe zum Leben offen zu sein.
- ✓ Ich bin für mich da, denn ich bin es mir wert, für immer da zu sein.
- ✓ Meine Sehnsucht ist wie ein Kompass.
- ✓ Allein das Hören meiner Sehnsucht hilft, um die Sehnsucht in dankbarer Weise anzunehmen und zu lieben.

Sicherheit

Übertriebenes Sicherheitsgefühl weist auf einen Mangel und auf ein in dem zusammenhängenden Bedürfnis zusammen. Wie viel Sicherheit ist gut und wie viel eben nicht? Wer sich immer nur um seine Existenz sorgt, verschwendet seine Energie und ist nicht in der Lage, sinnvoll zu investieren.

Meine Eltern meinten es immer gut mit mir. Mein Vater riet mir von der Selbstständigkeit im Berufsleben ab. Schließlich hatte er das Thema Selbstständigkeit bereits hinter sich gelassen. Dabei zählte er die Vielzahl an Nachteilen einer Selbstständigkeit auf. Was wäre, wenn ich durch längere Krankheit bedingt ausfallen würde? Wenn ich mich für eine Familie entscheiden würde, dann würde ich durch die Kinder keine Zeit mehr haben, mich beruflich engagieren zu können. Schwankendes und geringeres Einkommen wirkt sich negativ auf die Rente aus. Abzüglich der Versicherungen, der Betriebskosten, der Steuern und Lebenserhaltungskosten, wäre der Nettobetrag so gering, dass es nur noch für ein Taschentuch reichen würde, um die Nase putzen zu können.

Kurzum, ich wurde in meinem Leben alles andere als bestärkt, jemals den Weg in die Selbstständigkeit zu wählen, geschweige denn ein erfolgreiches Unternehmen aufzubauen.

Durch meine aktuellen Ehrenämter, die ich ausführe, bin zu der Ehre gekommen, mich in dem Thema Geschäftsführung selbst auszubilden. Aus den daraus resultierenden Arbeitsergebnissen und Begegnungen mit Menschen, die Unternehmen leiten, weiß ich folgendes mit Gewissheit: Das Geld liegt auf der Straße. Es ist wichtig, um sich Menschen zu scharen, die diverse Fachkompetenzen mit sich bringen. Ein Team aus beratenden und hilfsbereiten Menschen ist enorm wichtig. Genial wäre es, wenn du bereits durch die Eltern und dein Umfeld in deiner Kindheit bereits optimale Rahmenbedingungen erlebt hättest, die dich darin bestärkt hätten, deinen Weg zu gehen und dich darin zu fördern. Mein Vater brachte mir Ehrgeiz, Durchhaltevermögen und das immer wieder Aufstehen nach dem Fallen bei. Ein Leitsatz, den mein Vater mir mitgab, war: „Du musst dich an deinen eignen Haaren aus der Scheiße ziehen können." Meine Mutter brachte mir bei, wie ich mit wenigen Mitteln im Leben zurechtkomme. Sie brachte mir bei, ebenso wie mein Vater, misstrauisch im Leben zu sein. „Vertrauen ist gut, Kontrolle besser."

Warum dachte ich bei Geld immer an Geldsorgen? Geldsorgen sind ein Ausdruck des seelischen Kummers. Da wurden sich Dinge gekauft, die bestimmte Funktionen und Bedürfnisse erfüllen sollten. Geld hilft dir aber auch, Ängste zu überwinden bzw. mindestens zu beruhigen.

Zu einem soll Geld deine Altersvorsorge sichern. Damit wird dein Bedürfnis nach Sicherheit beruhigt. Ebenso befriedigst du mit deiner Altersvorsorge, dein Hab und Gut soll abgesichert werden. Auch hier steht das Sicherheitsbedürfnis im Vordergrund. Geld soll in Form von Geschenken die Kinder glücklich machen. Damit sollen die Harmonie und das Glück erzeugt werden. Geld hilft dir, das Notwendigste wie zum Beispiel Lebensmittel zu kaufen. Mit Geld lebt es sich einfach und sorgenfrei. Alles, was du besitzt, wird von deinem Geld belebt und beseelt. Mit deinem Geld gibst du ein Stück von dir wieder weg. Nicht nur, dass du zuvor deine Freizeit geopfert hast, um diese Mittel zu bekommen, nein, du gibst es noch weiter, um eben anderes dafür wieder zu bekommen.

Das Geld ist also demnach immer in Bewegung. Es fließt zu dir und wieder weg. Früher oder später.

Die Sorge, nicht genug zu haben, ist auch ein Ausdruck von einem Mangel. Dieser Mangel hat seinen Ursprung: die Sehnsucht nach bedingungsloser Liebe. Bedingungslose Liebe schafft Vertrauen und Zuversicht für das Leben.

Meine Sorgen in die Zukunft brachten mich so weit, viel Geld in wohltätige Vereine und in Projekte zu investieren. Gleichsam engagierte ich mich ehrenamtlich. Opferte dafür meine Arbeitszeit bei meinem Arbeitgeber, verzichtete somit auf ein besseres Einkommen und auf eine berufliche Karriere.

Das alles nur, um der Nachwelt eine richtungsweisende Zukunft zu zeigen und mitzugestalten. Meine Familie vernachlässigte ich und mich selbst auch. Andere waren mir viel wichtiger. Und so investierte ich zwar viel für eine nachhaltige Zukunft hinsichtlich Umweltschutzes, mein Geldvermögen allerdings und meine Gesundheit führte ich erfolgreich ins Negative.

Dann erkannte ich, dass bereits meine ehrenamtlichen Stunden, die ich erbrachte, bereits monatlich ein Arbeitsaufkommen in vierstelliger Höhe ergaben. Das war eine Erkenntnis für mich, beinah schockierend. Daraufhin kündigte ich alle finanziellen Verbindlichkeiten mit dem Titel „wohltätige Zwecke“ und „für andere“. Denn ich hatte erkannt, dass meine ehrenamtlichen Stunden einen Wert hatten. Dies allein brachte eine monatliche Ersparnis von rund 500 Euro! Im zweiten Schritt reduzierte ich meine ehrenamtlichen Tätigkeiten und entschied mich von nun an nur noch auf Honorarbasis für Projekte zu arbeiten, die dem Umweltschutz und der Energiewende zugutekamen. Plötzlich hatte ich mehr Zeit, mehr Geld und auch mehr Lebensqualität. Ich konnte mir wieder leisten zu leben. Sei es ein Eis hier, ein Kinobesuch da oder mal ein Kleidungsstück hier.

Ich erkannte meinen Wert und gewann Vertrauen.

Vertrauen.

Mangelndes Vertrauen bringt, wie ich finde, Instabilität auf allen Ebenen, auf denen wir uns tagtäglich bewegen. Konkret hat sich bei mir das mangelnde Vertrauen gefühlt in zwei gegensätzliche Richtungen entwickelt. Zum einen hatte ich mich komplett von anderen Menschen abhängig gemacht. Ich habe viel gefragt und viel erzählt, um aus den Gesprächen herauszufiltern, ob ich richtig bin. Für mich war es unmöglich, aus dem Erlernten die folgerichtigen Schlüsse zu ziehen. Noch schwieriger und weitaus komplizierter wurde es in den sozialen Kontakten. Mit den Wenigsten konnte ich vertrauliche, tiefsinnige Gespräche führen und im Gegenzug ergötzte ich mich an dem Leid der anderen. Zum anderen hatte ich einen ausgeprägten Kontrollzwang entwickelt. Und zwar in der Hinsicht, dass ich meine Schritte in Richtung Zukunft plante, aber darauf wartete, dass jemand vorbeikäme und mir erzählen würde, dass hier nun die sichere Verbindung in Richtung Zukunft wäre. Meine Gesamteinstellung von dem Wunsch vertrauen zu können, verbunden mit der Erwartungshaltung, dass mir keine Enttäuschungen zugefügt werden, brachten eben genau die Gegebenheiten zum Vorschein, die ich mir nicht gewünscht hatte. Ich ging von einer Selbstverständlichkeit aus, die eben alles andere als selbstverständlich ist.

Mir fällt dazu eine Geschichte aus der Kindheit ein. Eines Tages war ich mit meinen zwei Freundinnen verabredet, die beide auch noch den gleichen Vornamen trugen. Ich erzählte ihnen, wann ich zu Hause zu sein hätte und ob sie so nett wären, mir dann bescheid zu sagen. Ich hatte nämlich keine Uhr dabeigehabt. So spielten wir einige Zeit miteinander und schließlich war es dann so weit, dass ich gefühlt viel zu früh nach Hause musste. Zu Hause musste ich feststellen, dass die beiden mich zu früh nach Hause geschickt hatten.

Es gab unendliche viele Momente, bis heute, bei denen Menschen mir erzählen, dass ich falsch läge und dass ich alles, was ich mache, einfach nicht richtig machen würde. . Und diese Kritik kommt von Menschen, die ich liebe. Meine Einstellung dazu ist, dass es nicht mit mir zu tun hat. Zwischen dem liegt eine Menge Missverständnisse, Erfahrungen und schlechte Kommunikation. Wohl möglich aber auch der Drang, besser statt miteinander zu sein. Wer mich wirklich kennt, weiß, dass ich den Austausch liebe und nicht zwingend auf mein Recht bestehe. Ich möchte mein Gegenüber kennenlernen und akzeptiere die jeweilige Sichtweise. Schließlich hat jeder seine Erfahrung. So gerne ich von mir erzähle, so gerne höre ich anderen auch zu, um von ihnen zu lernen. Jedes Mal habe ich die Gelegenheit, etwas dazuzulernen. Was nicht heißt, dass ich andere Meinungen als die meinige adaptiere. Ich respektiere und wertschätze meine Gegenüber. Ja, das bedarf des Trainings und es gelingt mir selbst nicht konsequent.

Das mangelnde Vertrauen in meine Fähigkeiten und die Möglichkeit, selbstverantwortlich zu handeln, hat mich neben einigen Schwierigkeiten einen nicht unerheblichen Anteil an Gesundheit opfern lassen. Durch die Instabilität habe ich mir einen Hüftschaden und ein Rückenleiden eingehandelt. Die nicht aufrechte Körperhaltung, Verkrampfungen und Anspannungen führten zu den nicht zuletzt auf den Bildern vom MRT sichtbaren Schäden.

Als ich nun zu meinem Vertrauen kam, indem ich meinen Wert erkannte, entdeckte ich ungeahnte Qualitäten. Ich begann Porträt-Bilder zu zeichnen. Innerhalb eines Monats malte ich beinahe zwanzig Bilder. Mit Erfolg. Ich bekam zum ersten Mal Wertschätzung und Anerkennung. Ich vertraute in mich und meine Fähigkeiten. Ich wusste, wenn ich etwas wollte, dann gelingt es mir auch.

Wertschätzung

Mir wurde beigebracht, Geld abzulehnen und bescheiden zu sein. Ja, sogar misstrauisch sollte ich sein. „Bekam ich da Almosen oder wurde der Geldbetrag mit einer Forderung geknüpft?“, sollte ich mir stets dazu überlegen. Ich habe gelernt, für Dienste Geld zu geben. Selbst durfte ich aber für meine kleinen Dienste kein Geld annehmen.

Dazu gelesen habe ich, dass soziologisch gesehen Geschenke als soziale Sanktion gesehen werden. Warum? Nun, mit einem Geschenk sind Erwartungshaltungen an den Entgegennehmenden gekoppelt, wie zum Beispiel: Der Beschenkte soll sich freuen und sich bedanken bei dem Schenkenden. Und das verpflichtet (soziale Sanktion). Und überlege, wie oft du als Kind darauf hingewiesen wurdest, dich für Geschenke zu bedanken. Unabhängig davon, ob du dir von demjenigen überhaupt was gewünscht hattest oder ob dir das Geschenk gefällt.

Ich frage mich, was wollen wir mit Geschenken bewirken? Natürlich wollen wir Freude und Liebe verschenken. Und was ist, wenn wir es nicht tun? Liebt mich mein Gegenüber dann immer noch? Ich würde mich viel eher darüber freuen, wenn jemand mit mir seine Zeit verbringt und wir gemeinsam Freude erleben. Darüber traurig zu sein, dass mir jemand nichts schenkt, käme mir gar nicht in den Sinn. Nähe, Gemeinsamkeit, das Miteinander austauschen, teilen, füreinander da sein, das sind doch Werte, dies es gilt, unbegrenzt zu geben.

In der letzten Zeit hat mich mein Bekannter und Freund mit Geschenken überhäuft. Widerstand war zwecklos. Ich musste mich dazu überwinden, dankend anzunehmen. Loszulassen, was mich quälte, und musste annehmen, was mir zustand. Meine größte Hürde bei der Annahme von Geld und Geschenken war mein Glaubenssatz: „Ich bin es nicht wert, Gutes zu empfangen." Ich hatte sehr viel Glück, dass mein Bekannter und Freund mir sehr aufmerksam zuhörte und mir das zukommen ließ, was ich mir von Herzen wünschte.

Noch ein Glaubenssatz, der mich davon abhielt, anzunehmen, war, meine Träume offenzulegen und mich damit zu öffnen. Bis zu dieser Zeit konnte ich mir nicht vorstellen, mich jemals wieder zu öffnen und hinzugeben. Hatte ich doch meine innere Schutzmauer hoch errichtet. Und noch etwas musste ich loslassen, um anzunehmen: einem Menschen die Entscheidung zu überlassen, Gutes zu mir fließen zu lassen. Es hinzunehmen, dass mein Gegenüber mit mir teilt. Es hinzunehmen, dass mein Gegenüber mir einen Mehrwert in mein Leben brachte. Ich für mich habe die Entscheidung getroffen, Geschenke in Form von Liebe, Zuneigung und Zuwendung entgegenzunehmen. Seitdem fällt mir das Danken einfach, weil es so tiefgründig ehrlich ist. Ich bin nun ehrlich zu dir: Mir fällt es so schwer,

Gegenstände in der Kategorie Staubfänger anzunehmen und dadurch noch suggeriert zu bekommen, dass dieses Geschenk nur aus Anstand erfolgte. Glaube mir, ich fühle es, wenn die Geschenke halbherzig und nur aus Anstand erfolgen. Und ein Dankeschön hört dann keiner von mir. Dafür spüre ich umso mehr, wenn mir jemand mit Liebe, Aufmerksamkeit und Achtsamkeit etwas schenkt. Am liebsten ist mir die gemeinsame Zeit und Aufmerksamkeit. Dabei bleibe ich.

Mein Geldmangel hatte auch dazu geführt, dass mir das Schenken alles andere als leichtfiel. Ich fand es absurd, Menschen etwas zu schenken, wenn diese schon alles hatten. Oft wurde mir beigepflichtet, dass man sich untereinander nichts mehr schenkte, weil selbst gut gemeinte Gutscheine auch irgendwann sinnlos sind. Ich finde es so viel schöner, wenn mir meine Liebsten Zeit schenkten. Ein gemeinsames Essen und ein netter Plausch haben mehr wert als ein Geschenk.

Kurz zusammengefasst, ist das Verschenken von Gegenständen ein Ausdruck und Akt der Liebe? „Warum muss ich denn dafür erst Dinge schenken?“, frage ich. Liebe geben hat nichts mit Dingen schenken zu tun. Der Ausdruck von Liebe entsteht nicht durch das Schenken allein. Es ist die Absicht. Liebe beginnt mit Hingabe, Nachsicht, Zuversicht, Verzeihen, Respektieren, Fördern der Stärken und Lieben der Schwächen. Vielleicht fällt dir noch eine ganze Menge dazu ein. Dann wäre ich froh. Liebe beginnt auch, wenn du auf den sinnlosen Konsum und Geschenkezwang verzichtest. Dann schützt du die Umwelt und somit respektierst du das, was uns alle umgibt. Die Natur. Und die Natur ist das natürliche Lebenselixier für einen jeden von uns. Die Natur ist in Hülle und Fülle mit denkwürdigen Geschenken des Lebens. Schenke mit Liebe und mit einem tiefen Blick in die Augen deines Gegenübers.

Fehler machen

In meiner Kindheit hatte ich Misserfolge als eine Verletzung wahrgenommen und richtig gehend getrauert. Ich fühlte mich zutiefst verletzt. ICH hatte versagt. Meine Eltern waren enttäuscht, meine Lehrer waren enttäuscht und schließlich konnte ich mit anderen Kindern nicht mithalten. Ich hatte nicht nur versagt, sondern fühlte mich auch wie eine Versagerin. Die bestärkenden Sätze meiner Eltern, „dann musst du dich halt anstrengen und konzentrieren", konnten mich kaum trösten. Sie gaben mir „nur" Mut, weiterzumachen und nicht aufzugeben. Eines Tages kam es, wie kommen musste. Nach einem Diktat unterhielt ich mich mit meinen Klassenkameradinnen und wir tauschten uns über die „schwierigen" Sätze aus. Es stieg Panik in mir auf und ich beschloss, etwas zu tun, was äußerst gewagt war. Ich kletterte durch das Fenster in den Klassenraum hinein, ging zum Lehrerpult, öffnete die Tasche meines Klassenlehrers, um mein Diktatheft hinauszunehmen. Mein Herz raste und mir ging es körperlich äußerst schlecht, was mich nicht davon abhielt, mein Diktat nachzubessern. Natürlich hatten mich meine Klassenkameraden entdeckt. Meinem Klassenlehrer beichtete ich meine Schandtat und zeigte ihm die Fehler, die ich ausgebessert hatte. Es gab eine glatte Sechs.

Einen Tag später feierten wir, mein Bruder und ich, unsere Konfirmationsnachfeier. Diese Feier nutzte ich, um meiner Mutter von meiner Fehlleistung zu erzählen. Diese nahm es gelassen auf, denn sie war ja genug abgelenkt, um nicht in der Öffentlichkeit auszuflippen. Einige Tage später kam der Brief von meinem Klassenlehrer an meine Eltern. Neben meiner Tat wurde ich zu Recht des Einbruchs bezichtigt.

Mein Klassenlehrer nahm sich dann einige Tage später Zeit für mich. „Eigentlich war deine Leistung im Diktat nicht so schlecht. Es hätte für eine Vier gereicht. Monika, ich weiß, du kannst mehr."

Meinem Klassenlehrer bin ich bis heute unendlich dankbar für den Ansporn, nicht aufzugeben und zu zeigen, was ich kann. Er hatte an mich geglaubt. Genau in dem Moment, wo ich nicht mehr an mich geglaubte hatte. Seit dieser Zeit gab ich mich den Dingen hin, die gut abgearbeitet werden wollten.

Ich weiß nicht, wie es dir geht, aber nur gut abarbeiten ist doch nicht wirklich richtig gut. Da muss es doch noch mehr geben. Und nur gut abarbeiten heißt doch im Umkehrschluss, nicht gut genug zu sein. Wie aber kannst du dich wirklich den Dingen des Lebens hingeben und einmalig werden?

Mit dem Projekt „Freie Schule" durfte ich erneut lernen, dass mir die Fehler, die ich mache, immer noch wehtun. In diesem Projekt hatte ich so einige Aufgaben übernommen. Selbstverständlich hatte ich dabei mein Bestes gegeben. Irgendwann durfte ich die Aufgabe übernehmen, Arbeitsverträge zu schreiben. Ich suchte mir Musterverträge und schrieb diese ab. Im Finale sollten diese aber von anderen bearbeitet werden. Eine bis dato gute Freundin übernahm dann die Vorlagen und sollte diese sehr kurzfristig überarbeiten. In dem Stress, den sie erfuhr, und ihrer Neigung zur Perfektion ärgerte sie jeder Fehler von mir enorm. Sie warf mir vor, wie unsauber ich gearbeitet hätte, und schließlich wäre ihr jetzt klar, warum ich in meinen Hauptberuf nicht als gute Mitarbeiterin wahrgenommen würde. Ich war erzürnt und fragte, warum sie sich nicht darüber gefreut hätte, dass ich vorgearbeitet hätte? „Sie wäre selbst schneller gewesen, wenn sie gleich von Anfang an selbst die Verträge geschrieben hätte", sagte sie. Sie sei von mir persönlich enttäuscht, dass ich keine Fehler zugeben könnte. Sie strafte mich bei den nächsten Arbeitsgruppentreffen mit ihrer Missachtung. Dazu stellte ich sie zur Rede. Ob sie so immer Freunde behandeln würde, fragte ich sie. Ihr Gesicht versteinerte sich, wurde glatt und ich war erschrocken über das, was ich sah, da ich sie bis dahin von dieser Seite nicht kannte. Es folgten böse Worte und von diesem Zeitpunkt an mieden wir uns beinahe zwei Jahre. Ich hasste sie und im tiefstem Inneren liebte ich sie, wie eine Freundin eine Freundin nur lieben kann.

Heute bin ich wieder mit ihr etwas befreundet, weil ich sie schätze und respektiere. Da ich weiß, welches Bild hier wirkt, halte ich den notwendigen emotionalen Abstand. Ihr Drang zur Perfektion hat einen bestimmten Grund. Die beinahe zweijährige Pause nutzte ich dazu, mir über meine Schwächen und ihre Schwächen klar zu werden. Ich nutzte aber auch die Zeit, mir zu überlegen, ob ich verzeihen kann und wie ich mit Schwächen anderer umgehen kann, wenn diese verletzend für mich werden. Die perfekte Lösung habe ich nicht. Ich darf den Umgang damit lernen.

Dass Fehler machen in dieser Kultur als schlimm empfunden werden, empfinde ich als schlimm. Jeder hat das Recht, Fehler zu machen. Fehler gehören zum Leben und diese bringen dich weiter, als nur im Kopf zu sinnieren. Etwas nicht zu wissen, heißt nicht, dass man dumm ist. Etwas nicht zu wissen, heißt, dass du gerade für derartige Informationen nicht bereit bist. Fehler zu machen, heißt aber auch, den Weg zu finden, der einen zum Erfolg bringt.

Genieße jetzt folgende Sätze von mir:

Du darfst an dich glauben. Du darfst dir vertrauen. Jeder Misserfolg ist eine Übung zum Erfolg. Liebe deine Fehler. Das Leben liebt dich und gibt dir alles zur rechten Zeit. Dein Erfolg ist deine Weisheit aus der Herzensmitte: Liebe.

Ich kann mich heute nur bei allen bedanken, die mich bis jetzt auf meine Fehler hinweisen und hingewiesen haben. Zum einen durfte ich lernen, damit umzugehen und zum anderen habe ich gelernt, stolz auf meine Fehler zu sein. Mein Wachstum verdanke ich eben jenen, die mich gefördert haben, indem sie mich auf meine Fehler aufmerksam gemacht haben. Gelegentlich finde ich meine Fehler zum Lachen und manchmal einfach nur spannend. Es ist superinteressant, was das Gehirn abspeichert, und zu beobachten, wie lange solch ein Lernprozess an Zeit benötigt. Ultraspannend ist es, wenn sich das Lernen so gar nicht einstellen will. Spätestens dann weiß ich für mich, dass ich da Blockaden durch Glaubenssätze und Schattenkinder pflege.

Die Schule des Lebens

Erinnerst du dich an deine Schulzeit gerne zurück? Ich erinnere mich schon gerne an die Schulzeit zurück, mehr noch an die Schulfreunde und an das ein oder andere tolle Erlebnis, wie Projektarbeiten oder Sportwettkämpfe. Gerne erinnere mich an den Geschichts- oder Biologieunterricht zurück. Physik fand ich nur spannend, als es um das Thema Atome ging. Eigentlich habe ich Schule als Entertainment in Erinnerung. Manche Unterrichtsfächer konnten mich aber nicht in der Gänze überzeugen. Mathe fand ich prinzipiell gut, außer wenn es um Formeln ging. Mir fehlte der praktische Bezug und letzten Endes ging es mehr um die richtige angewendete Vorgehensweise, von Formeln und Regeln. Da war natürlich nichts mit Vertrauen in die eigenen Fähigkeiten, wie es anderen Unterrichtsfächern ausgelebt werden konnte. Die eigene Kreativität ist eben in Schulen nicht die Eingangsvoraussetzung.

Für mich entstand der Eindruck, dass eben das Zeugnis ein wichtiger Indikator für das Fortkommen im Berufsleben entscheidend ist. Folglich war ich gefügig und versuchte allen Anforderungen bestmöglich gerecht zu werden. Dafür blendete ich meine Träume und Wünsche mehr oder weniger komplett aus. Mein Potenzial endet in geregelten Arbeitsprozessen. Somit war ich die typische Arbeitnehmerin, in den Verbindlichkeiten von

Familie, Haus und Auto verstrickt, eben die brave Konsumentin.

An dieser Stelle darf ich wohl behaupten, dass ich mich in bester Gesellschaft befand und durchaus kein Einzelfall war. Ich hatte das Gefühl, so erzogen worden zu sein, dass ich nicht wusste, was ich wirklich will und was mir guttut. Ich befand mich in dem Zustand des reinen Funktionierens und hatte meine Selbstverantwortung abgegeben. Kurzum, ich war lebensfähig, aber in Richtung Selbstverantwortung handlungsunfähig. Zu meinem Leben gehörte es, mich an den mir vorgesetzten Regularien zu orientieren und sie einzuhalten, sie bestenfalls für unsinnig zu halten. Hinterfragt habe ich all dies nicht und als gegeben hingenommen. Bloß kein Risiko eingehen. Immer schön in der Mitte bleiben und nicht auffallen, hieß über Jahrzehnte mein Lebensmotto.

Mit der Schule ist es wie mit dem Führerschein, dieser befähigt dich zu fahren, aber für die Erfahrung und für folgerichtige Erkenntnisse bist du selbst verantwortlich. Bildlich gesprochen, die Schule lässt dich mit der angezogenen Handbremse ins Leben, aber das Wesentliche, die Handbremse zu lösen, liegt in deiner Verantwortung.

Die Klein- und Untenhaltung, die in der Kindheit auf uns Kinder einwirkte, ist langwierig und mächtig gewesen. Sich davon zu lösen kann lange dauern. Wenn das gesamte Umfeld von Kleingeistern umgeben war, dann wird es doppelt so schwierig, sich von dieser Untenhaltung zu lösen. Lass es mich so sagen, in diesem „Wach-Koma“ habe ich drei Jahrzehnte verbracht. Mir kam nicht einmal ernsthaft der Gedanke, dass es anders sein könnte. Es fühlte sich alles normal an, bis mir die Zufälle des Lebens zu zufällig wurden. Alles lief darauf hinaus, aufzuwachen. Der Film Matrix ist mehr als nur ein Film. Einmal aufgewacht gibt es kein Zurück mehr.

Berufung

Ach ja, was war das für eine Zeit, als diese nervigen Fragen begannen, was ich denn für einen Beruf ausüben würde. Was wusste ich denn schon? Arbeiten wollte ich eigentlich gar nicht. Ich wollte mich nur beweisen und leben. Mit zwölf Jahren begann ich in der Gärtnerei zu jobben, um Geld zu verdienen, damit ich mir etwas leisten konnte. Doch die Schule und das Elternhaus wollten, dass wir uns einen Beruf aussuchten, um Geld damit zu verdienen. So besuchte ich die Berufsschule, um zwischen den handwerklichen Berufen Mechaniker oder Koch zu entscheiden. Dazu leisteten wir dann einige Stunden in der Berufsschule ab. Schlecht war es nicht, aber meinen Berufswunsch kitzelte es auch nicht hervor. Dann ging es mit dem Bus zum Arbeitsamt, wo wir uns Videos zu Berufen anschauten. Danach hatten wir ein Praktikum zu absolvieren. Ich entschied mich für den Beruf der Erzieherin. Ich hatte nämlich den Plan, im Anschluss an diese Zeit, Grundschullehrerin zu werden. Das ging dann auch ohne Abitur. Meine Eltern wollten aber die Ausbildung nicht bezahlen und so sollte ich mich doch für einen kaufmännischen Beruf entscheiden. Ich war sauer. Eine Klassenkameradin erzählte mir, dass es bei der Deutsche Bahn AG nun den Beruf der „Verkehrskauffrau für Verkehrsservice“ gab. Also entschied ich mich dafür. War immerhin ein kaufmännischer

Beruf. Allerdings konnte dieser Job nur in Unternehmen, die im Schienenverkehr tätig waren, ausgeführt werden. Als ich es ablehnte, Zugbegleiterin in Frankfurt zu werden, durfte ich schmerzhaft lernen, dass meine Ausbildung für die Katz war. Somit begann ich dann eine weitere Ausbildung zu erlernen. Diesmal hörte ich auf meine Eltern. So lernte ich den Beruf der Versicherungskauffrau mit dem Schwerpunkt Außendienst und trat damit in die Fußstapfen meiner Eltern und meiner Brüder. Ich schloss die Ausbildung ab und schwor mir, diesen Beruf niemals auszuüben. Zu dieser Zeit arbeitete ich daran, meine Träume zu erfüllen. Ich wollte Schauspielerin werden. Als ich endlich eine Komparsen-Rolle ergattern konnte, sollte ich zu einem Bewerbungsgespräch in einem Prüfunternehmen hin. Mein Onkel hatte mir empfohlen, mich da zu bewerben. Ich sagte meine Komparsen-Rolle ab, ging zum Bewerbungsgespräch und bekam den Job. Eigentlich wollte ich da nie arbeiten und trotzdem verweile ich nun seit dreizehn Jahren dort.

Ob ich glücklich bin? Naja, der Job strengt mich nicht an, ist keine große Herausforderung und jeden Arbeitstag verbringe ich damit, von den Aufgaben nicht gelangweilt zu sein. Kurzum, eine großartige Leistung erbringe ich in diesem Unternehmen nicht. In gewisser Art und Weise schäme ich mich dafür, mein Können nicht einzubringen. Für mich ist dieses Unternehmen eine Sackgasse.

Um diese Art Frustration und Depression zu kompensieren, habe ich mich ins Familienleben gestürzt. Doch auch das konnte mich nicht zufriedenstellen. Lange Jahre wühlte ich im Garten, um meine Power auszutoben, und so kannte ich es schließlich auch von zu Hause. Schon als Kind war ich jede freie Minute mit meinen Eltern in dem Garten.

Dann begann ich das Projekt „Freie Schule", das mein Leben veränderte und eine andere Dynamik gab und noch immer gibt.

Ich durfte erkennen, dass mein Beruf überhaupt nichts mit Berufung zu tun hat.

Aber was ist nun Berufung? Berufung hat nicht zwangsläufig etwas mit der Ausübung unseres Berufes zu tun. Die Berufung ist deine innere Stimme, die dich fragt: Was willst du wirklich? Berufung ist der Weg, den du beschreitest, wenn du auf deine innere Stimme hörst. Wenn du den Zeichen folgst, die dir in deinem Alltag begegnen. Ich erzähle dir von meinem Lebens-/Leidensweg, damit du für dich erkennen kannst, dass das Leben eine Sprache spricht, die gelernt und gehört werden will. Nicht jeder wird die Ehre haben, dieses Geheimnis in diesem Leben zu erfahren.

Vor dreieinhalb Jahren hatte mich das Wort „frei" in dem Facebook-Aufruf meiner Freundin an eine „Freien Schule" gerufen. Ich musste da mitmachen, dabei hatte ich gar keinen Plan, was „Freie Schule" heißt. In dieser Zeit habe ich gelernt, dass meine nicht gefühlte Freiheit meine Grenzen im Kopf waren und sind. Wann immer ich mich genötigt fühle, etwas zu tun, was ich nicht will, weil es nicht für mich bestimmt ist, dann sind es meine Grenzen, die mich zu diesem Handeln zwingen. Um wieder mit Bildern zu sprechen: Ich muss nicht hier in Deutschland leben. Ich muss keinen Beruf ausüben, den ich nicht will. Jeden Tag kann ich mich neu entscheiden. Jeden Tag den „Ruf" der inneren Stimme zu hören, will gelernt sein, wenn der Alltag einen quasi überrollt.

Für deine Berufung gibt es möglicherweise keinen Beruf. Du darfst das machen, was dir Spaß macht, und diesen Spaß dann deinen Beruf, deine Berufung, nennen.

Höre auf, dir einen Plan zu machen. Einen Plan zu haben, ist etwas anderes als einen zu machen. Dein Lebensplan sollte die Phasen der Ruhezeit und des Wachstums enthalten. Ebbe und Flut dürfen entstehen. Wenn du deinem Ruf folgst, immer mal wieder in dich hineinhorchst, wirst du Bauklötze staunen, welche Genialität diesem Lebensplan unterliegt! Jeder meiner Schritte hatte rückblickend seinen Sinn. Ich habe gelernt, mir zu verzeihen, mich und meine Verantwortung anzunehmen, mich zu lieben, mir zu vertrauen und an mich zu glauben. Dafür habe ich diese Wegstrecke zurückgelegt.

Hör auf zu kämpfen. Um in deinem Leben dein Ziel zu erreichen, bedarf es keiner Anstrengung. Du musst dich nicht beweisen. Höre deine innere Stimme und folge ihr. Du wirst zu jedem Augenblick das Richtige vollbringen und Leichtigkeit spüren, auch wenn du dich angestrengt hast. Im Flow erbringst du Leistungen, die herausragend sind, und das Gefühl, im richtigen Moment das Richtige gemacht zu haben, katapultiert dich in unbeschreibliche Glücksgefühle.

Kämpfe nicht für deinen Reichtum und dein Geld. Das Geld fließt zu dir. Du darfst darauf vertrauen. Das Leben fördert dich so, dass du die Energie bekommst, die du zum Wachsen benötigst. Die Natur versorgt dich, wenn du vertraust und bereit bist zu empfangen. Das besagt aber auch, dass du währenddessen keine Langeweile hast. Du gehst einfach deinen Weg. Dein Weg wird sich so ebnen, wie du willst, wenn du darin vertraust. Die Natur verfügt über Ressourcen, die Wachstum fördern. Diese Ressourcen sind passiv und arbeiten für das Wachsende.

Hör auf, mit anderen zu kämpfen. Mit anderen nicht zu kämpfen, ist für mich selbst eine hohe Kunst, die geübt, verstanden und gelebt werden will. Aktuell befinde ich mich einer Lage, in der mein Verstand tobt: „Es muss doch so und so sein.“ „Warum verletzen mich die anderen so?“ „Warum setzen die anderen alles aufs Spiel?“ Meine aktuelle

Situation schmerzt mich sehr. Mein derzeitiger Wissensstand, meine emotionale Intelligenz sagen mir und dir jetzt Folgendes: Meine gefühlte Realität ist nur meine gefühlte Realität. Die anderen erleben eine andere Realität. „Ich glaube, sie wollen mir schaden.“

Durch und mit Byron Katie, Bestsellerautorin von „The Work“, habe ich gelernt, mich immer wieder zu fragen, ist dem wirklich so? Du glaubst ja gar nicht, wie entwaffnend diese Methode ist. Ich für meinen Teil stelle immer wieder fest, in welchen Ängsten ich mitunter noch gefangen bin und in welchem Muster ich mich zu gerne aufhalte. Das schlimmste Muster unserer heutigen Zeit ist, einen Schuldigen zu finden.

Höre den anderen zu. Unvoreingenommen. Höre auf die Emotionen, die verletzt sind, und biete Frieden an.

Du musst wissen, wenn ein anderer mit dir kämpft, ist dieser Mensch selbst in Not. Die Not ist folgende: Dein Gegenüber fühlt sich nicht verstanden, nicht gehört und gesehen. Schenke ihm deine Aufmerksamkeit. Höre zu und schweige. Wiederhole genau das, was dein Gegenüber gesagt hat. Wenn du Zweifel hast, frage nach. Vergiss, dich zu rechtfertigen und zu verteidigen. Dein Gegenüber braucht dich gerade.

Jeder, der hier auf Erden verweilt, hat eine Mission. Frieden zu lernen und Frieden zu geben.

Wenn du immer kämpfst, dann bist du in Not und diese Not spiegelt sich eben auch auf deinem Kontostand wider.

Sei in Frieden mit dir. Ich halte es für elementar wichtig, für einen Schutz deines Selbst ehrlich mit dir zu sein. Du solltest deine Misserfolge lernend und dankbar annehmen. Jeder Misserfolg ist ein Erfolg, der dich weiterbringt. Ja, es tut weh. Je eher du dir verzeihst, umso weniger machst du dich angreifbar. Als ich meine Filmschule beendete, da nun die Familiengründung im Vordergrund stand, war mir das peinlich. Heute bin dankbar für diese Erfahrung. Auf jeden Fall habe ich gelernt, wie ich das bei der nächsten Geschäftsgründung anders mache. Womit ich nicht gerechnet hatte, war und ist, dass meine Geldblockaden tatsächlich der Ursprung meiner „Misserfolge“ (Heilsame Le(e)(hr)rung) sind.

Eine wichtige Geschichte dazu, die ich als Ursprung und somit als „Geschenk hinter Dornen verpackt“ bezeichne, erzähle ich dir jetzt. Meine Mama ist eine übervorsichtige und höchstängstliche Mama, was auch seinen Ursprung hat. Angst ist eben kein guter Ratgeber. Ich denke, das liegt in der Natur der Sache. Jeder sollte sich bewusst sein, woher Ängste kommen und ob sie wirklich dazu dienen, das eigene Überleben zu sichern. Mich haben die Ängste meiner Mutter in den Wahnsinn getrieben. Versteht mich nicht falsch, ich liebe meine Mama und meinen Papa, ganz bestimmt. Und meine

Eltern liebten ihre Eltern. Die Liebe zwischen Kind und Eltern bleibt bestehen. Keiner kann verleugnen, woher er kommt. In uns allen wiegt und liegt der Anteil der vorherigen Generationen. Jeder von uns ist für den Rest seines Lebens ein Stück Mama und Papa. Ich distanziere mich von der nicht aufgearbeiteten Vergangenheit aus vorhergehenden Generationen, denn dafür bin ich nicht verantwortlich.

Meine Misserfolge begannen u.a. in der Schule. Im Kunstunterricht bekamen wir die Aufgabe, uns selbst ein Tier aussuchen, welches zu der eigenen Persönlichkeit passt. Ich malte ein Bild von einer Robbe auf einem Stein liegend. Dann musste vor der ganzen Klasse erzählt werden, wieso das Tier ausgewählt wurde. Ich war stolz wie Bolle auf meine hübsche Robbe. Ich erzählte von der Einsamkeit und der Sehnsucht nach Freiheit. Letzten Endes bekam mein großartiges Kunstwerk die Note drei. Was war ich enttäuscht und traurig. Da gebe ich mir Mühe, finde mein Werk umwerfend und dann lag es wohl an der Erläuterung oder der Erklärung. Wer weiß das schon so genau. Aber auch diese Story zeigt auf, dass das „Gefühl“, nicht gut genug zu sein, mich in meiner Berufung langfristig limitiert hat.

Nun zu der eigentlichen, für mich nicht ganz unwichtigen Story. Als Mädel habe ich gerne gebastelt. Und nun bat ich meine Mama darum, mir doch das Material einzukaufen, wie es im Bastelbuch beschrieben stand. Meine Mama verneinte, da sie der Meinung war, ich bräuchte das nicht und schließlich könnte ich doch andere Dinge nehmen. Mein Kunstwerk sah dann gar nicht so großartig wie im Buch aus und ich war doch ein wenig geknickt. Für dich ist vielleicht diese Story nicht so wichtig. Mein Unterbewusstsein hat zweierlei Dinge abgespeichert: Erstens, improvisieren kann ich. Zweitens das Ergebnis ist aber ein anderes.

Dadurch, dass in unserer Familie über das nicht vorhandene Geld ziemlich viel geredet wurde, hat sich eine Geldblockade eingeschlichen, an der ich bis vor Kurzem gearbeitet habe. In all meinem Handeln trat eines immer wieder in Erscheinung: Ich habe das Geld nicht, um dies oder das zu tun.

Noch eine wichtige Geschichte, die dir helfen könnte, um reich zu werden. Diesen Gedanken bin ich sehr oft durchgegangen. Ein Glaubenssatz, der mir erst aufgefallen ist, als ich den Stein mit dem Auto meines Mannes überfahren habe. Und zwar erinnerte ich mich an eine Aussage … irgendwie bin ich jetzt gerade gehemmt, es auszuschreiben, ich schäme mich, das zu schreiben:

„Reich werden nur diejenigen, die unehrlich ihr Geld verdienen.“ Dieser Satz schmerzt mich sehr, da dieser Gedanke unendlich limitierend ist. Heißt das etwa, dass ich mit Ehrlichkeit kein Geld verdienen kann?

Ein wirklich sehr berührender Song, den es sich lohnt im Internet anzuhören – bei Gefallen sollte man sich natürlich die CD bestellen –, ist folgender, und herzlichen Dank an Patrick Kammerer an dieser Stelle, dass ich den Song hier aufführen darf. Unendlichen Dank!

Songtext „Berufung" von Seom alias Patrick Kammerer:

Du wurdest dieser Welt gesandt, um deine Kräfte zu entfalten.
Bist auserwählt, um wahre Stärke zu erhalten.
Trau dem Kompass deines Herzens, wenn du an das Ruder willst, folg den Winden und tu stets, wozu du dich berufen fühlst.
Vertraue deinem Leben und den Zeichen auf den Wegen.
Du bist von einem Ozean, von Reichtümern umgeben.
Setz die Segel, um Erfolg an Erfolg zu reihen, dein Potenzial zu entfalten und um stolz zu gedeihen.
Lass dich von den Zeichen leiten und du wirst sehr schnell erleben, dass sich alle Einzelheiten wie von selbst ergeben.
In dieser Welt umgeben dich mehr Dinge, als du sehen kannst.
Jede Angst verfliegt, wenn du Vertrauen in deinen Weg erlangst.

Du bist hier, um das Leben zu genießen und zur Mündung der Bestimmung frei im Lebensfluss zu fließen.
Folg den Wellen der Erfüllung, lass dich von den Winden leiten und du wirst durch die Bestimmung Richtung Himmel gleiten.
Worauf wartest du? Folge deinem himmlischen Ruf, dessen Klang die Göttlichkeit in deinem Innern erschuf.
Du bist, was du tust, und du tust, was du bist, wenn du nur das wahre Bild deiner Berufung erblickst.
Folge ihr, folge deinem himmlischen Ruf, dessen Klang die Göttlichkeit in deinem Innern erschuf.
Du bist hier, um jeden Tag deiner Berufung zu folgen, und egal, was jemand sagt, deine Zukunft ist golden.
Vertrau auf deinen Weg und die Dinge fügen sich.
Folge dem, was dich bewegt, und du fliegst ins Licht.
Du bist hier, um deine Möglichkeiten voll zu entfalten und um deine schöne Reise voll Erfolg zu gestalten.
Lass dich von den Zeichen leiten und du wirst sehr früh bemerken, dass sich alle Einzelheiten wie von selber fügen werden.
Worauf wartest du? Folge deiner inneren Stimme.
Du hörst sie am klarsten in der Mitte der Stille.
In dieser Welt umgeben dich mehr Dinge, als du sehen kannst.

Jede Angst verfliegt, wenn du Vertrauen in deinen Weg erlangst.
Du bist hier, um das Leben zu genießen und zur Mündung der Bestimmung frei im Lebensfluss zu fließen.
Folg den Wellen der Erfüllung, lass dich von den Winden leiten und du wirst durch die Bestimmung Richtung Himmel gleiten.
Du wurdest geboren, um deine Kräfte zu entfalten, bist auserkoren, um nur das Beste zu erhalten.
Du bist hier, um dich als groß, rein und wertvoll anzusehen und jederzeit dem Ruf des eignen Herzens nachzugehen.
Und egal, was jemand sagt, deine Kraft ist rein, denn was immer du willst, du kannst es sein.
Du fühlst dich manchmal klein, doch das bist du nicht, denn du bleibst nicht im Dunkeln, wenn dein Licht erlischt.
Du bist hier, um deine Möglichkeiten voll zu entfalten und um deine schöne Reise voll Erfolg zu gestalten.
Wenn du Keime reiner Liebe stolz in deinem Leben pflanzt, raubt kein Tropfen deine Hoffnung, weil du im Regen tanzt.
Du bist hier, um das Leben zu genießen und zur Mündung der Bestimmung frei im Lebensfluss zu fließen.

Folg den Wellen der Erfüllung, lass dich von den Winden leiten und du wirst durch die Bestimmung Richtung Himmel gleiten.

Erfolg

Den Erfolg kategorisiere ich wie den Reichtum in sechs Bereiche. Zum einen gibt es den Erfolg in dem Erreichten (unbestimmt), den Erfolg im Spiel, den Erfolg im Wettbewerb, den Erfolg in seinen eigenen Fähigkeiten, den Erfolg in bestimmten Zielen und den Erfolg in der Umsetzung des Vorhabens.

Der Erfolg setzt die Handlung voraus. Einen Erfolg ohne ein Zutun gibt es nicht. Hinter dem Erfolg stecken die Zielsetzung und die Motivation sowie die Vision.

Wenn du also erfolgreich werden willst, solltest du dir dein Ziel, deine Motivation und deine Vision notieren.

Der Erfolg hat in erster Linie nichts mit finanziellem Reichtum zu tun. Dein Erfolg ist erst dein Erfolg, wenn du diesen anerkennst. Nur du allein bestimmst, ob dein Erfolg der deinige ist.

Da bringt auch keine Auszeichnung, kein Applaus oder die größte Lobhudelei, wenn du deinem Erfolg kritisch und zweifelnd gegenüberstehst.

Andersrum stellt sich der schönste Erfolg nicht so richtig ein, wenn die Anerkennung vom Außen fehlt, gepaart mit dem unzureichenden Selbstbewusstsein und der Selbstliebe.

Der Weg zum Erfolg

Für mich gehören Berufung und Erfolg unzertrennlich zusammen. In den beiden Wörtern steckt das Wort „Ruf“ und „Folg“. Einer Tätigkeit nachzugehen, die eben nur Mittel zum Zweck ist, raubt dir Lebensqualität. Wenn du dich damit arrangierst, dann wirst du sicherlich gut in deinem Job. Aber mit dem Herzen wirst du eben nicht dabei sein. Und es wundert mich dann überhaupt nicht, wenn Menschen mit dieser Einstellung langfristig gesehen erkranken. Kannst du dich noch daran erinnern, wie du als Kind mit roten Wangen einem bestimmten Ziel gefolgt bist? Ich konnte mich in so manchen Aufgaben verlieren. Meine Schwester spornte mich zum Geschichtenschreiben an. Und auch jetzt, wo ich diese Zeilen schreibe, habe ich nicht das Gefühl zu arbeiten. Mich überkommt auch keine Angst zu versagen oder nicht gut genug zu sein. Ich gehe eben meiner Leidenschaft nach. Mit Leichtigkeit schreibe ich diese Seiten hier und das erfüllt mich. Ich bin voller Freude und in meinem Flow.

Deine Entscheidungen

In meinem aktuellen Bekanntenkreis sind einige, die in gewisser Art und Weise erfolgreich sind. Sie sind erfüllt vom Leben, von Lebenserfahrungen und sind gerade dabei, ihre Fähigkeiten zu perfektionieren. Will sagen, sie sind dabei, sich zu entfalten, und erbringen Leistungen mit Liebe, Zuversicht und Engagement. Keiner von ihnen ist arm, hinsichtlich der Denkweise, seiner emotionalen Intelligenz, im Handel oder aber auch in der Qualität seines Lebensstandards.

Die Menschen, die dich also gerade umgeben, sind also der Spiegel zu deinem aktuellen Geld- und Erfolgs-Mindset. Solltest du dich also gefragt haben, „warum diese Menschen in deiner Umgebung sind“, dann weißt du es jetzt. Änderst du nun deine Gedanken, dann ändert sich allmählich und mit Gewissheit dein Umfeld. Die Menschen werden auch freiwillig gehen, da sie oftmals deine Gedankengänge nicht mehr verstehen können und weil du dich verändert hast. Das Arbeiten im Bewusstsein birgt also eine Menge an Vorteilen. Ein weiterer Vorteil ist, dass du besser im Wissen von „Was will ich eigentlich?“, „Was möchte ich dafür tun?“ und „Wie komme ich konkret dahin?“ Profi wirst. Du entwickelst dich, da du eine Entscheidung getroffen hast, etwas zu verändern.

Deine Investitionen in dein Selbst.

In den folgenden Kapiteln möchte ich dir nur kurz und oberflächlich das Thema „Ganzheit“, die Einheit von Körper, Geist und Seele nahebringen. Kurz, eben deshalb, weil es eine wesentliche Rolle spielt, und eben nicht ausführlich, da ich keine Medizinerin, Psychologin oder Wissenschaftlerin bin. Dennoch möchte ich meine selbst angelesenen, laienhafte Kenntnisse und Erfahrungen wiedergeben. Das wiederum setzt voraus, dass du dich bereits mit dieser Materie auseinandergesetzt hast oder noch wirst. Wenn das Thema Spiritualität in deinem Leben keine Rolle spielt, überspringe diese Kapitel.

Bevor du Geld in andere oder in Kapitalbildung investierst, solltest du zunächst in dich investieren. Du solltest dir eine bestmögliche Bildung ermöglichen, in Freizeitaktivitäten investieren, die dir Spaß machen. Du solltest nicht nur Geld, sondern auch Zeit in dich investieren.

Deine Gesundheit ist das wichtigste Gut. Kein Mensch ist glücklich, wenn Zivilisationskrankheiten z.B. wie Depressionen, starke Übergewichtigkeit oder Bewegungsmangel krank machen. Ohne deine Gesundheit wirst du wohl kaum oder nur schwer Geld verdienen können. Um gesund zu bleiben, bedarf es eines starken Willens, Disziplin und der Einsicht der Notwendigkeit.

Die Erkrankung wird oft nur mit dem Körper verbunden. Dabei ist die Psyche ebenso gemeint, denn diese ist der Schlüssel zu allem Erfolg. Dein mächtiges Instrument, das danach verlangt, dass du es bespielst, ist dein Gehirn. Ein Gehirn, was beispielsweise nur den Überlebensinstinkten gewidmet ist, braucht eine Riesenportion Glück, um zu Reichtum und zu Erfolg zu gelangen, der dann aber, aufgrund des mangelnden intelligenten Aktionismus, ebenso schnell verfällt, wie er gekommen ist. Der Überlebensinstinkt kann dich aber auch genauso gut in die Kreativität bringen. Allerdings nur in die Kreativität der Essensgewinnung.

Wenn es ein Fitnessstudio für den Körper gibt, dann sollte es Fitnessstudios für das Gehirn geben. Zwar ist das Gehirn kein Muskel, irrwitzigerweise benötigt das Gehirn, das 2% unserer Körpermasse ausmacht, ca. 20% unserer Körperenergie. Die Leber und Muskeln benötigen jeweils gut 25% deiner Energie. Herzen und Niere benötigen ca. 10% und der Rest wird von sonstigen Organen benötigt.

Damit dein Gehirn so richtig leistungsfähig wird, ist es wichtig, deinem zweiten Gehirn gutzutun. Mit dem zweiten Gehirn ist dein Darm gemeint. Nur wenn es dem Darm gut geht, dann funktioniert es auch mit der gesunden Psyche. Es besteht ein Zusammenhang zwischen der Funktionsweise vom Darm und dem Gehirn, den du gerne selber unter dem Stichwort „Darm-Hirn-Achse“ nachlesen kannst.

Für die Gesunderhaltung der Organe ist es lebenswichtig, dass der Stoffwechsel funktioniert. Durch ausreichend Bewegung und Ernährung leistest du einen wichtigen Beitrag für das Gesundsein bis ins hohe Alter. Wer in Bewegung ist, ist auch gedanklich in Bewegung. Hier greift die Theorie: wie im Außen, so im Innen.

In unserem Alltag sind wir Meister darin, den Notwendigkeiten und dem „Muss“ Folge zu leisten und hinterherzuhecheln. Von der Arbeit, der Schule, den Hausaufgaben, dem Hausputz bis hin zu den Besuchen beim Arzt. Alles findet im Terminkalender Platz. Nur die Auszeiten stehen nicht im Terminplaner. Entstehen mal Lücken im Kalender, dann werden Freunde angerufen und Treffen mit Freunden arrangiert. Es gibt kaum einen Platz für den Termin „Stille mit mir“. Ich rede oft davon, wie sehr ich mir Ruhe wünsche. Aber was erwarte ich von dieser Ruhe? Eigentlich möchte ich in den Ruhezeiten mich hören. Mein Atmen und die Stille im Kopf. Es ist, als wäre ich kurz vor dem Einschlafen. Die Theta-Phase oder wie sagt Dieter Lange dazu: „total entspannt, total aktiv“.

In dieser Ruhephase steigt der Drang nach Aktivität und trotzdem ist es ganz ruhig und still im Kopf. Ich sage dazu „total genial“. Nur eine Minute in diesem Modus und ich habe Kraft und Energie für den ganzen Tag.

Wenn ich auf meine Bedürfnisse höre und eingehe, dann mache ich automatisch das Richtige. Der Drang, nach draußen zu schauen, während ich meine Arbeit mache, ist der Wille, mich mit der Natur zur verbinden. Wir Menschen gehören einfach in die Natur. Wir wurden in dieselbe hineingeboren. Das wir uns unsere eigenen Herbergen und eine häusliche „Natur“ geschaffen haben, ist eben künstlich und nicht natürlich. Es ist kein Zufall, dass wir uns in der Natur wundervoll fühlen. Sei es der Spaziergang am Meer, das Wandern in den Bergen oder die Schlittenfahrt durch den Schnee. Weniger ist mehr. Umso mehr Natur um uns ist, umso ausgeglichener und motivierter sind wir.

Die Ernährung spielt dabei eine ebenso wichtige Rolle. Eine süße Erdbeere oder ein saftiger Apfel lösen ebenso Glücksgefühle aus wie Schokolade. Mittlerweile sind die Süßigkeiten süßer als Obst geworden, dafür schmeckt Obst nur noch nach Wasser und Pestiziden. Finde den Fehler in dieser Gleichung. Wir entfernen uns von der Natur und von uns. Zivilisationskrankheiten ereilen uns schnell und heftig. Glücklicherweise entwickelt sich ein Gegentrend. So stellen einige fest, dass der ganze unnütze Kram schädlich und ein Zeitfresser ist. Immer mehr wünschen sich Entlastung und stellen eigens dazu ihr Leben auf den Kopf. Vom Tiny-

House, Mehrgenerationshäusern, Urban Garding, Permakultur, solidarischer Landwirtschaft und Minimalismus, die Menschen wollen mehr vom Leben und weniger vom krankmachenden Unsinn. Sie entsagen den Medien, der Angstmacherei und hören auf ihre Bedürfnisse, während draußen anscheinend ein Sturm tobt.

Deine Vorbilder

Wer sind deine Vorbilder? Meine Vorbilder, und das sind durchaus Menschen, die mir nahestehen, motivieren mich, mich anzustrengen. Eben auch etwas für mich zu tun. Mich mit Themen zu beschäftigen, die vorher vielleicht nicht so wichtig erschienen. Meine Vorbilder zeigen mir auch, dass ein jeder über sich hinauswachsen kann. Auch diese Frage hätte ich bis vor Kurzem gar nicht beantworten können. Heute sind es Menschen mit Zitaten und Menschen, die einfach nur eine geniale Einstellung zum Leben haben. Es sind die Menschen, die mit Feuereifer und Herzblut ihre Vision vom Leben ausleben.

Ich liebe Menschen, die schaffen und kreieren. Die sich fokussieren, sodass jede Handlung bestimmt, zielführend und erfolgreich wirkt. Zum einen sind es die Spezialisten, die ich neide, und die Generalisten, die ich liebe.

Meine Vorbilder sind:

1. Albert Einstein
2. Diana, Princess of Wales
3. J.K. Rowling
4. Michael Jackson

Zwar gehe ich nicht mit deren Lebenseinstellung und Geisteshaltung unbedingt 100% konform, aber das, was sie erschaffen haben, beeindruckt mich sehr. Insbesondere ist ihre Hingabe und Leidenschaft in ihre Werke wirklich sehr anspornend.

Meines Erachtens dürfen sich die selbst auserwählten Vorbilder verändern. Sie sollen uns wie eine Zielmarkierung in unserem Leben dazu motivieren, unsere eigenen Ziele und Werte zu erreichen.

Deine Definition von Reichtum

Wie viel Geld möchtest du in deinem Leben verdienen? Diese Frage konnte ich lange Zeit nicht aus dem Stegreif ohne Weiteres beantworten, weil es auch schlichtweg nicht zur Debatte stand. Wenn ich dann doch mit Leichtigkeit geantwortet hatte: „Ich würde gerne Millionärin sein.“, dann wurde dies gleich hinterfragt mit: „Warum benötigst du so viel Geld? Dann finde erst mal einen Job, der dir so viel Geld einbringt.“

In diesem Kapitel möchte ich mir dir ergründen, warum dir Reichtum wichtig ist. Beantworte zunächst folgende Frage …

Als ich mir diese Frage selbst stellte, stellte ich fest, dass es mir weniger um Besitztum ging. Mehr noch wogen und wiegen die Erlebnisse. Also das Leben und die dabei empfundenen Gefühle. Allein der Gedanke, verstanden zu werden oder einfach nur mal Ruhe erleben zu dürfen, all das sind Dinge, die mir Besitztum auch im Sinne von Geld nicht kaufen könnte. Mein Blick auf meine Erlebnisse zeigte mir, wie reich ich eigentlich schon bin.

Im Grunde unterscheide ich in fünf Formen des Reichtums: der materielle Reichtum (wertvolle wie z.B. Antiquitäten), der finanzielle Reichtum (Geld-Vermögen), der geistige Reichtum (Wissensschatz und Erinnerungen), der Reichtum an emotionaler Intelligenz (die selbstentwickelte Intelligenz) und

Reichtum der Kreativität. Alle fünf Reichtümer verbindet das Potenzial, sich zu entwickeln und einer stetigen Entwicklung zu unterliegen.

Mein Blick auf den entrümpelten Hausstand zeigte mir erst recht, wie viel Geld ich offensichtlich schon einmal besessen hatte. Eine bittere Erfahrung habe ich dann doch dazu gemacht: Ich hatte zwar viele Besitztümer, aber nichts Wertvolles. Wirklich wertvoll sind mir meine Kinder und im Bereich Besitz meine Perlenkette und Schuhe. Das war es dann aber auch schon. Die allerbitterste Erfahrung war dann, dass all meine Schätze und mein Reichtum im Herzen sind. Du denkst dir sicherlich jetzt: „Ja, aber das ist doch super." Auf den ersten Blick, vielleicht aber nicht wirklich. Denn es ergibt sich daraus die Frage: Wenn mein Reichtum im Herzen ist, wer bin ich denn im Außen? Wie sehe ich mich? Und auch hier durfte ich spüren, dass mein Urteil über mich nicht wirklich wertschätzend war. Das war das Verletzende daran.

Im Außen bin ich. ICH mit meinem Seelenauftrag und meinem Seelenplan. Immer mal wieder nehme ich mir die Zeit, nach innen zu horchen. Dabei schließe ich gerne meine Augen und horche. Umgeben von Ruhe und endloser Zeit bin ich dann bestärkt, die Augen wieder zu öffnen. Manchmal halte ich nur für eine Sekunde die Augen geschlossen und manchmal dauert diese Sekunde auch mal schnell

30 Minuten. Allzu oft meditiere ich nicht. Ich brauche das auch gar nicht.

Mein Yoga-Lehrer Borniko bietet seit der Pandemie Online-Yoga an. Als ich mich nach vielen Terminen dazugesellte, meinte mein Lehrer: „Offensichtlich brauchst du gar nicht so viel Yoga. Du bist eben dann da, wenn du Yoga benötigst."

Ich fand das schön, dass mein Yoga-Lehrer so entspannt mit meiner Abwesenheit in den Kursen umgeht. Wenn ich ehrlich sein soll, glaube ich, dass mein Kopf öfter Yoga macht. Entspannung kann ich nämlich erstaunlich schnell erfahren. Yoga mache ich eigentlich nur, um meinem Körper ein wenig Gutes zu gönnen.

Von einem Erlebnis möchte ich dir auf jeden Fall berichten. Zu meinen Projekten gehörte die Gründung einer Freien Schule. Während des Genehmigungsprozesses kam es zu einigen Hürden und manche wogen echt schwer. Da ich ehrgeizig bin, griff ich zum Telefonhörer und rief einen Bekannten an, der sich eben auch im Genehmigungsprozess einer Freien Schule befand. Ich schilderte ihm das Problem und er gab mir einen entscheidenden Tipp: „Monika, ergründe, warum du im Kampf bist." Und dann sagte er: „Die Schule wird entstehen, wenn es an der Zeit ist. Lass los." Zu keiner Zeit fühlte ich mich befreiter wie in diesem Moment. Ich hatte das Gefühl, zu schweben und im Frieden zu sein. Eigentlich dachte ich, so müsste man sich fühlen, wenn man stirbt. Dieser Zustand hielt mindestens zehn Minuten an. So fühlte ich mich eigentlich nur nach tagelangem Yoga. Und ich fragte mich, wie hatte es mein Bekannter geschafft, mich in diesen Zustand zu bekommen? In diesem Zustand war ich schon lange nicht mehr gewesen. Aber ich begriff auch, dass, wenn ich aufhöre, im Kampf zu sein, dann konnte ich im Frieden meinen Frieden leben. Ich ließ also los und tatsächlich, die Freie Schule wurde genehmigt.

Meinem Bekannten Lars Dietrichkeit bin ich auf ewig dankbar.

Am 06.11.2020 konnte ich mit Lars zum ersten Mal im Interview auch über meine Empfindung zum Telefonat sprechen. Mir ist klar geworden, dass, wann ich immer die Bühne des Kampfes verlasse, ich frei sein kann und alles fließt. Ich entlasse mich also aus der Verantwortung, kämpfen zu müssen. Daraus entsteht Leichtigkeit. Ich schließe daraus, dass die Eigenschaften und Folgen des Kampfes wie ein Stau des Lebenskreislaufes mit einer Abwärtsspirale sind, die einen Kampfpartner aber auch voraussetzt. Freiheit ist die Unabhängigkeit vom Kampf, die bewusste Entscheidung, die Waffen niederzulegen und den Frieden zu empfangen. Die Energie kann wieder fließen, ist positiv und bringt dich wieder in den Flow.

Deine finanzielle Investitionen

Was und wie viel bist du bereit zu investieren? Wie schaut dein Businessplan aus? Du solltest dich auf deinen Weg zu deinem finanziellen angedachten Reichtum, einen Plan machen. Welche Voraussetzungen müssen gegeben sein? Wie schaut dein Zeitplan dazu aus?

Wenn du kein Geld in Reserve hast, ist es unumgänglich, welches zu erarbeiten und dieses anzulegen, damit es dir ein passives Einkommen auf Dauer generiert. Die sinnvollste Investition könnte darin bestehen, unsinnige zu unterlassen.

Es ist zum Beispiel gar nicht notwendig, alles neu zu kaufen. Vieles lässt sich in Second-Hand-Qualität organisieren. Lebensmittel in Bio-Qualität können ebenfalls preiswert eingekauft werden. Bücher und Filme können sich ausgeliehen werden. Selbst Spielzeug lässt sich ausleihen. Einen Spielzeug-Zirkel gibt es auch oder lässt sich auf die Beine stellen. Die Wohnsituation lässt sich auch auf die notwendige Größe anpassen. Immobilien auf Kredit zu finanzieren und diese den eigenen Kindern später zu vererben, damit diese darin wohnen können, ergibt wenig Sinn. Ein Haus ist nach 50 Jahren ein kompletter Sanierungsfall, wenn bis dahin keine Investitionen in diese Richtung hingeflossen sind. Davon mal ab, die Kinder suchen sich möglicherweise auch einen anderen Wohnort aus und haben einen anderen Geschmack. Sein eigenes Haus als Wertimmobilie zu sehen und entsprechend damit umzugehen, ergibt mehr Sinn. Wer einmal ein großes Haus besaß, wird wissen, wie viel Geld und Zeit zur Instandhaltung draufgehen. Klar, wenn das Rentenalter erreicht ist, mietfrei zu wohnen ist klasse. Oft ist das Haus dann in einem Zustand, dass Fenster ausgetauscht werden müssen, das Badezimmer ist dann auch in die Jahre gekommen und so weiter.

Nicht jede Versicherung ist sinnvoll. Die Risiko-Lebensversicherung kann Sinn ergeben, die reine Lebensversicherung nicht. Zumal die, die ich kenne, die ihre Lebensversicherung ausgezahlt bekommen haben, das Geld in einen Wintergarten investiert haben. Dieser Luxus hätte sich Jahrzehnte zuvor geleistet werden können. Sinn der Lebensversicherung war, dass im Todesfall Geld den Hinterbliebenen bleibt, um Verbindlichkeiten und die Beerdigung finanzieren zu können. Bei Erreichen des Auszahlungstermins der Lebensversicherung sollte der ausgezahlte Betrag eigentlich zur Aufbesserung der monatlichen Rente dienen.

Aus eigener Erfahrung möchte ich dir hier den Tipp geben, deine Besitzgüter nicht zu sehr herunterzuwirtschaften. Behalte immer ein paar wertvolle Dinge im Leben als Highlight zurück. Und vor allem achte darauf, dass du mit dem Minimalismus deine Beziehung nicht versehentlich herunterwirtschaftest.

Um finanzielle Investitionen geschickt zu tätigen, solltest du Zeit in deine Ausbildung zum Investor vorantreiben. Du solltest deine bisherigen Erfahrungen dazu festhalten und erst mal spielend lernen, ob du Durchhaltevermögen hast. Es gibt interessante Sparpläne. Die eine Woche legst du 25 Euro zurück, in der zweiten Woche 15 Euro, in der dritten Woche legst du 40 Euro zurück und in der vierten Woche 20 Euro. Das Ganze machst du zwölf Monate lang und dann hast du am Ende des Jahres 1.200 Euro gespart.

Die Wahrscheinlichkeit, dass du innerhalb eines Jahres zu viel Geld kommen kannst, ist somit gegeben. Dann würde ich an deiner Stelle vermögende Menschen interviewen, um eine Idee davon zu bekommen, wie du an Geld gelangen kannst und was eben diese leisten, um ihren Lebensstandard zu sichern.

Dein Erfolg

Wenn du dich dazu entschließt, erfolgreich zu sein, dann setzt du dir Ziele im Außen, die du dann ehrgeizig verfolgst. Keiner wird erfolgreich, weil er sich gedacht hat, „mal schauen, was so passiert“. Oder andersherum gesagt: Dein Handeln erzielt eine Wirkung. Erfolg ist aber nicht damit gleichzusetzen, viel Geld zu machen. Als du deine ersten Schritte im Leben gemacht hast, wurde dies zwar von deinen Eltern beklatscht, aber Geld gab es nicht dafür. Noch nicht mal für deine schulischen Leistungen gab es Geld. Es ist auch nicht verwunderlich, dass manche Menschen die Anerkennung lieber haben als Geld und andere wiederum Geld als Anerkennung verstehen.

Ich denke, dass Erfolg dann entsteht, wenn du nichts erzwingst. Wenn du einfach die Dinge tust, die du als richtig empfindest. Wenn du dir bewusst bist, dass alles miteinander verknüpft ist und alles so kommt, wie es kommen soll. Wenn du dich dem Leben hingibst und auf der Welle surfst. Wenn du im Flow bist und weißt, alles geschieht so, dass es deiner Entwicklung entspricht, dass du gedeihen und wachsen kannst wie eine Pflanze.

Schau dir deine Umwelt an. Die Pflanzen und Bäume wachsen einfach. Sie wissen, dass die Natur ihnen alles gibt, damit sie sich prächtig entwickeln können. Die Pflanzen und Bäume kennen die

Jahreszeiten. Sie wissen, wann es Zeit ist zu wachsen und wann nicht. Sie wissen, wann sie das Laub opfern müssen und sich zurückziehen müssen, nur um in der nächsten Wachstumsphase noch besser gedeihen zu können.

Wenn du dir all dem bewusst bist, dann wird jeder Tag ein Abenteuer. Du hältst Ausschau nach den Zeichen, nach den Wundern, die dir den Weg weisen. Du weißt, dass du deine Wünsche und Projekte dann umsetzt, wenn sich dir der Weg offenbart. Du wirst mit der Flut und der Ebbe gegangen.

Deine Geschäftsidee

Es gibt niemanden, der mir erzählt hätte, dass seine Geschäftsidee von Anfang an durch die Decke geschossen wäre. Und wenn dem so war, dann hatte diese Person zuvor einige Misserfolge gehabt. Von daher, wenn du dich selbstständig machen möchtest, sieh das erste Jahr einfach als Training, das dich auf das vorbereitet, was da noch kommen mag. Dein Erfolg hängt von deinem Training ab. Also starte so früh wie möglich mit deinen Geschäftsideen. Und wenn du als Kind den Kaufmannsladen geführt hast oder dein Spielzeug auf den Flohmärkten gewinnbringend verkauft hast, auf der Bühne standest, was auch immer … dein Leben, deine Erfahrungen bereiten dich auf all das vor, was dich im Leben erwartet. Nichts war umsonst. Nur nichts tun ist nicht umsonst. Warten kostet Zeit und Geld. Wenn du deine Finanzen nicht beobachtest und dich auch nicht in diesem Bereich engagiert, wird es teuer. Die Wahrscheinlichkeit ist gegeben, dass dann Mahnungen ins Haus flattern und Falschabbuchungen sich anhäufen.

Allerdings ist eine Pause gut, um Schwung zu holen, damit du erst so richtig ins Tun kommen kannst. Kreative Pausen sind das i-tüpfelchen auf deiner Erfolgslinie. Vor allem halte an deinen Träumen und deinen Zielen fest, egal, was alle anderen davon halten. Du bist der einzige Mensch, der weiß, was du wirklich willst. Und du bist auch der einzige Mensch, der diesen Plan erfüllen kann. Die anderen Menschen sind Wegbegleiter auf Zeit. Manche gehen irgendwann dann auch einen anderen Weg. Das darf so sein und ist vollkommen in Ordnung.

Dein Glück ist die Auswirkung deiner inneren Haltung vom glücklich sein. Es ist beinahe ein Paradoxon, dass das Gute und das Glück zu den Menschen kommen, die ihr Leben danach ausgerichtet haben. Glücklich sein zieht eben Glück mit sich. Dabei heißt Glück haben und Glück empfangen nicht automatisch, dass das Glück sich in materieller Form zeigt, eben in finanziellen Reichtum. Darum geht es nämlich nicht. Glück bedeutet, Freude fühlen und spüren zu können. Für manche ist es ein Spaziergang in der Natur, für andere ist es ein Haustier u.v.m ...

Zum Reichtum: Nur dein finanzieller Reichtum könnte dir genommen werden. Aber eben auch nicht auf ewig. Wer sich schon einmal Reichtum erarbeitet hat, schafft es unter Garantie ein weiteres Mal. Jede Niederlage, jeder Misserfolg, zeigt einem, wie es nicht geht. Reichtum kontinuierlich beizubehalten, das ist die Kunst und dazu gehört die Motivation. Die Begeisterungsfähigkeit ist ebenfalls ein wichtiger Antriebsmotor in Sachen Reichtum bewahren. Für vielseitig interessierte Menschen wird das zu einer richtigen Geduldsprobe, um bei einem und demselben Thema zu bleiben.

Andere wiederum sind damit gesegnet, in ihrem Leben ihre bescheidenden Ziele verfolgt zu haben und noch zu verfolgen. Geld spielt dabei keine entscheidende Rolle. Diese Menschen sind zufrieden mit dem, was sie haben. Sie sind sich treu geblieben.

Praktische Tipps

Um deinem Unterbewusstsein nicht zu signalisieren, dass du nun ganz schwer arbeiten musst, damit du deine Ziele erreichst, sind die bewussten Pausen ein wichtiges Instrument. So erhältst du die Leichtigkeit im Tun bei. Da hilft zum Beispiel das Schmusen mit deinem Partner, deinen Kindern, deinen Haustieren, ein Kaffee oder Tee mit dem Freund oder der Freundin zu trinken, ein Bad zu nehmen, ins Kerzenlicht zu starren, eine Kreativzeit mit aktivem Basteln oder Spielen oder auch das Tanzen. Ich kann nur empfehlen, zur Musik zu tanzen und sich frei dazu bewegen, das beflügelt die Sinne.

Sich Gutes zu tun, signalisiert deinem Unterbewusstsein, dass es dir gut geht, dass du acht auf dich gibst und du dein Leben wertschätzt. Es ist enorm wichtig, dass du Qualität in dein Leben bringst.

Jede sinnliche Erfahrung bringt dich in die Aufwärtsspirale, die dir das Erreichen von Zielen leichter gestaltet. Es ist nicht verwunderlich, wohl dem der sich dessen bewusst ist, das Schöne im Leben, die Schönen auch magisch anzieht. Wer schon mit Kinderaugen gelernt hat, achtsam auf die Dinge zu schauen, die faszinierend sind, wird das Schöne im Außen auch im Innern widerspiegeln können. Ein Pfad des unfassbaren Schönen öffnet seine Tore, für jene, die einen achtsamen Blick darauf haben.

Visualisiere deinen Reichtum

Nach all den Fragen wird es nun an der Zeit, konkret zu werden. Die Macht der inneren Bilder für dich zu nutzen. Vielleicht hast du hierzu Lektüre gelesen, was keine Voraussetzung für dieses Kapitel ist, durchaus aber eine sinnvolle Ergänzung. Dein Leben wird so, wie du es dir vorstellst. Wenn du wenig bis keine Ziele dazu hast, wird dein Leben eben gelebt, mit der kleinsten Version deiner nicht vorhandenen Visionen. Ich kenne keinen, der seine Ziele nicht erreicht. Ich kenne aber viele, die keine konkrete Vorstellung von dem haben, was sie erreichen wollen und was sie überhaupt vom Leben erwarten.

Wenn du dir ein monatliches Einkommen von 5.000 Euro wünschst, solltest du dir diese 5.000 Euro auch vorstellen können. Dazu nimm dir zehn 500 Euro Scheine und lege diese an einen (sicheren) Ort, wo du dennoch jeden Tag drauf schauen kannst. Als nächsten Schritt solltest du dir deinen Businessplan sichtbar an eine Wand aufhängen. Ebenso die konkreten Schritte zum Erreichen deiner Ziele mit einem Datum dazu (Projektplan). Jetzt kommt deine Liste dazu, mit deinem „Warum" du dieses Geld dir verdienen möchtest. Weiterhin kannst du dir deine Inspirationen (Affirmationen) zu Geld aufhängen. Am besten du designst dir deine Listen und rahmst diese schön ein. Dein Unterbewusstsein nimmt wahr, ob du etwas liebevoll gestaltet hast, ob du das für dich ernst nimmst und ob du auch daran glaubst.

Gestalte dir einen Zeitplan mit den Stunden, die du täglich aktiv zum Erreichen deiner Ziele investierst. Halte jeden Tag deine Fortschritte dazu fest. „Wer schreibt, der bleibt." Gemeint ist damit auch, dass deine Ziele mit dem Aufzeichnen bekräftigt werden. Gönne dir beim Aufzeichnen deines Tagesplanes auch Pausen. Du weißt jetzt, dass Glück und Erfolg miteinander verbunden sind.

„Erfolg macht glücklich und Glück hilft beim Erfolg." – Zitat by me.

Werde glücklich

Es gibt sie, die Menschen, denen alles zufliegt, denen alles mit Leichtigkeit gelingt, und egal, was sie anpacken, es wird erfolgreich. Auf die, mit denen ich gesprochen habe, traf das zumindest auf den ersten Blick zu. Dabei durfte ich feststellen, dass sie den Weg für sich erarbeitet haben. Auf ihren Wegen gab es so etwas wie Hürden, lange Wege und Misserfolge.

Das Entscheidende war, wie eben mit diesen Dingen umgegangen wurde. Glücklich sein ist eine Einstellung, eine Geisteshaltung. Jene, die sich bewusst sind, was für sie glücklich heißt, nehmen die Herausforderungen des Lebens an und gehen weiter, wenn sie hingefallen sind. Sie verschwenden keine Zeit darin, langfristig frustriert oder gar deprimiert zu sein. Sie bleiben weiterhin auf ihr Ziel fokussiert und machen einfach weiter. Allerdings fehlt eine entscheidende Zutat noch, wir sprachen bereits darüber: das Vertrauen in sich selbst.

Wie entsteht dieses Vertrauen? Dieses Vertrauen entsteht durch bedingungslose Liebe. Konkret, wenn deine Eltern zu dir Sätze sagen wie: „Egal, was passiert, wir sind immer für dich da“, „wir glauben an dich“, „wir vertrauen dir“, „du bist genau richtig, wie du bist“, „wenn du glücklich bist, dann sind wir es auch.“

Wenn du dich also ernsthaft fragst, warum es in deinem Leben an der einen oder anderen Stelle knartscht und sich Sorgen breitmachen, dann macht es Sinn, kurz zu überprüfen, ob es möglicherweise genau hier drin begründet liegt. Die Wurzeln zu deinen Eltern sind entscheidend für deinen Lebensweg und dein Vertrauen in sie. Deine Eltern geben dir Halt und stützen dich bei all deinen Herausforderungen. Die bedingungslose Liebe ist das beste Geschenk, das dir deine Eltern machen können. Sie legen damit eine solide Grundbasis für deine Beziehungen zu Menschen im Leben, für deine Partnerschaft, für deinen beruflichen Werdegang, für deine Motivation, dein Vertrauen und eben auch für die Enkelkinder und weitere Generationen.

In den Nachkriegsgenerationen ist die bedingungslose Liebe viel zu kurz gekommen und bis heute haben nicht wenige Menschen damit zu kämpfen, ohne es zu wissen, wo die Ursachen beispielsweise mangelnden Vertrauens, Beziehungsunfähigkeit, beruflichen Misserfolgen und Ähnlichem liegen. Der Schaden ist immens, nicht zu bagatellisieren und ernst zu nehmen.

Es liegt an uns selbst, aus dieser unerfüllten Liebe, das Beste zu machen. Immerhin gibt es uns die Möglichkeit, es besser im Leben zu machen. Nachsichtig mit unseren Eltern zu sein, um unsere Energie in die Liebe hineinzugeben, die wir fühlen möchten. Ein schmerzhafter Prozess, den es sich lohnt, zu gehen.

Lerne Dankbarkeit.

Das Leben, wie bereits erwähnt, ist mitunter turbulent und nicht immer so, wie wir es gerne hätten. Ich betrachte das Leben mittlerweile so: Es ist wie Flut und Ebbe. Manche Situationen, die eine hohe Intensität an Gefühlen haben, sind kurzweilig und heftig. Das kann Schmerz und Freude zugleich sein. Der Alltag ist eher die ruhigere Ebene, in der ich verweile, vor mich hinträume und abschalte. Es ist die Ruhe vor dem Sturm. Mein Jahr 2020 war eines der krassesten Jahre, die ich bis jetzt erleben durfte. Schmerz und Freude waren gleichermaßen präsent und heftig. Ich durfte viel über mich lernen.

Meine Erfolge – und lass dir hier an dieser Stelle gesagt sein: „Erfolg heißt nicht gleich Reichtum!" – reihten sich dicht an dicht. „Erfolg ist Freude über eine Gegebenheit, die du dir erhofft und erwünscht hast." – Zitat by me.

Zu meinen Erfolgen erhielt ich ganz nebenbei meine „Geschenke hinter Dornen verpackt" – Zitat Seom. Nicht immer erkannte ich gleich den Sinn dahinter. Im Nachhinein konnte ich diese Geschenke für mich als solche auch empfinden. „Das Leben wird nach vorne gelebt und rückwärts verstanden."

Bis zum Ausbruch der Coronapandemie hatte ich ein Tagebuch geführt, in dem ich meine Dankbarkeit notierte. Denn bis dahin war ich in Dankbarkeit nicht so gut. Mit Ausbruch der besagten Pandemie unterließ ich meine Notizen. Ich war geschockt und wusste nicht, was passieren würde. Je mehr ich meiner Angst keine Aufmerksamkeit mehr schenkte, was nicht heißen soll, dass ich mich nicht an die A-H-A-Regeln (Abstand-Hygiene-Alltagsmaske) gehalten habe, umso bewusster wurde ich mir. Ein bisschen abgefahren, zugegeben. Ich hatte meinen Fokus auf das gelegt, was mir wichtig war und ist. Getreu dem Motto: „… wenn schon das Ende naht …“

Ehrlich gesagt, tagtäglich mit der Angst und Sorgen um meine Liebsten, so wollte und will ich nicht leben. Ich konzentrierte mich also auf die guten Dinge im Leben. Ich beobachtete meine Kinder, die Natur und die Tiere. Mir wurde schnell klar: „Die Welt dreht sich weiter.“ Die Dinge verhielten sich so, wie ich ihnen Aufmerksamkeit schenkte. Damit lenkte ich meine Aufmerksamkeit auf die Geschenke des Lebens. Und siehe da, die Geschenke kamen zahlreich. Ich wurde mir meines Glückes bewusst.

Damit fokussierte ich mich auf die Geschenke und auf das Glück, welche sich mir in diesem Jahr in Hülle und Fülle zeigten. Begonnen mit dem Homeoffice, der daraus resultierenden eingesparten Fahrtzeit, den Fahrtkosten bis hin zur zusätzlichen Kindergeld-Zuschussprämie sowie der Corona-Prämie. Weiter ging es mit neuen Bekannt- und Freundschaften.

Natürlich gab es auch unangenehme Ereignisse wie ein kleineres angedrohtes Insolvenzverfahren, Sachentschädigungen in Höhe von 2.000 Euro und vielen neuen finanziellen Verpflichtungen. Hinter all dem zeigten sich die Geschenke, wie zum Beispiel der Umgang mit Verlusten und finanziellen Sorgen. Das wiederum führte zu diesem Buchprojekt. Diese negativen Ereignisse waren das i-tüpfelchen auf der bis dahin 20 Jahre gelebten Praxis im Umgang mit Geld und der zweijährigen Ausbruchphase aus den Wiederholungsschleifen in Sachen Finanzen.

Die Storys kommen eben dann, wenn es reif dafür ist. Über manche Wiederholungen im Leben muss ich lachen. Kurz meinen Notizblock geschnappt und darüber nachgedacht, was ich der Story eben Positives abgewinnen kann. Als ich beispielsweise den E-Scooter-Fahrer vom E-Scooter versehentlich mit einem Auto hinunterbefördert hatte, war ich einfach nur heilfroh, dass daraus nur ein Sachschaden geworden war. Die Story ist da nicht zu Ende gewesen. Manchmal ist es auch das, was daraus gemacht wird. Ich war hin- und hergerissen zwischen „soll ich ausflippen, weil ich beinah ein Menschenleben ausgelöscht hatte?“ oder „sollte ich froh darüber sein, dass die Erziehungsberechtigten des jungen E-Scooter-Fahrers so einfühlsam reagiert hatten?“ Eine Lehre war für mich natürlich, noch einmal mehr im Straßenverkehr achtzugeben (und meinen Kindern einen Fahrradhelm zu empfehlen, falls die sich auf so ein Ding schwingen wollen).

„Du kannst immer mit Jetzt zurechtkommen, doch nie mit der Zukunft – und das musst du auch nicht. Die Antwort, die Kraft, die richtige Handlung oder die Mittel werden da sein, wenn du sie brauchst – nicht früher und nicht später.“ – Eckhart Tolle.

Ich für mich habe verstanden, obwohl ich immer das Gefühl hatte, nicht genug Geld zu haben, reicht es eben doch aus. Auf jeden Fall hat es mich an mein persönliches Mindset: „Ich möchte nur so viel Geld verdienen, dass es eben ausreicht“ erinnert. Ebenso war es ein Schuss vor den Bug, jeden Tag so gut wie möglich zu genießen.

Immer wieder rufe ich mir in Erinnerung, dass solche Erlebnisse uns trainieren. In unseren Fertigkeiten von Besonnenheit, Achtsamkeit, Dankbarkeit und Demut.

Liebe dein Leben

Ich glaube, dass die größte Dankbarkeit, die du in deinem Leben vollenden kannst, die Dankbarkeit deiner Existenz ist. Mit der Anerkennung und der Wertschätzung deines Lebens ehrst du jene, die dich ins Leben gebracht habt, du erkennst die Schöpfung als solche an und du reihst dich in die Ahnenkette ein. Mit deiner Geburt haben sich viele Menschen an das Wunder erinnert und freuten sich über das Licht, was du mit in diese Welt gebracht hast. Dein erster Augenaufschlag, dein erster Atemzug, du wurdest bereits abgöttisch geliebt, als du noch im Bauch deiner Mama herangereift bist. Du hast schon Geschichte geschrieben, als bekannt wurde, dass du im Mutterleibe heranwächst. Alleine deine neun Monate Reifezeit könnte locker ein Buch füllen. Auch deine Geburt könnte Seiten an Erfahrungen wiedergeben. Du bist einmalig, ein Wunder, ein Gottesgeschenk. Schau doch mal, wie du reagierst, wenn du in die Augen eines Neugeborenen schaust. Ich glaube, dass der häufigste Ausruf bei der Ansicht eines Neugeborenen ist: „Diese Augen, dieses unschuldige." An unseren Kleinen wird alles geliebt, was sie zum ersten Mal wahrnehmen und machen. Jede Bewegung ist ein Wunder. Der Geruch von Babys lässt uns ganz verzückt zurück. Und wenn die kleine Hand sich an deinem kleinen

Finger festklammert, ach ja, seufz, so ein kleines Menschenleben ist einfach zuckersüß.

Irgendwann sind die Kleinen die kleinen Großen und entdecken die Welt. Schön ist die Zeit, wo sie immer wieder zurück zu dir kommen und sich ihre Schmuse- und Kuscheleinheiten abholen. Tag für Tag lösen sie sich von einem. Na, und wenn sie erst groß sind und sich im Leben zurechtgefunden haben, dann blicken wir Eltern voller Stolz auf das, was sie jeden Tag erleben dürfen und leisten. Viele Fotos erinnern an alle ihre kleinen und großen Schritte im Leben. Und mit dem Blick auf unsere Kinder dürfen wir selbst auf unsere Kindheit blicken, mit der Gewissheit, wie auch immer unsere Eltern uns gesehen haben mögen, es gab die Momente, wo wir mit jedem Erlernten stolz wie Bolle auf unsere Leistungen waren.

Werde schöpferisch

Sicherlich hast du dich schon gefragt, wie du diesen kindlichen Stolz auf deine erlernten Fähigkeiten wiedererlernen kannst? Fang wieder an, kindliche Dinge zu tun, wie z.B. auf Bäume klettern, im Sandkasten spielen und verkleiden. Nutze deine Hände, um Schönes zu erschaffen. Vom Häkeln, bis zum Nähen, Designen von Kleidungen, 1000er-Puzzle puzzlen u.v.m.. Was uns zu viel ist, sind der Überfluss an Informationen und Handlungen, die künstliche, erzeugte Prozesse bedienen. Was uns fehlt, ist der kindliche Stolz und die Liebe zu unseren Fertigkeiten, die Sinnhaftes kreieren.

Wir lassen uns ins „künstliche Erzeugen“ katapultieren, sodass uns der Blick für unsere natürlichen Gaben verloren geht. Dabei geht es um Prozesse, die logischen und sachlichen Gesetzmäßigkeiten folgen. Mitunter fehlt die Fantasie, diese Prozesse auf ein gesundes Maß zu reduzieren, flexibel genug zu sein für die Transformation zukunftsbasierender Anforderungen.

Wir selbst sind die Entwickler von fantasievollen Dimensionen. Dazu benötigen wir keine künstliche Intelligenz. Die Technik soll unsere Ideen von der Automatisierung einfacher Arbeitsprozesse unterstützen.

Dein Leben passiert jetzt!

Was mir enorm dabei geholfen hat, in den Themen Akzeptanz, Loslassen und aktiv im Hier und Jetzt zu leben, war der Gedanke. „Mein Leben passiert Jetzt!“

Dazu habe ich meine Aufmerksamkeit meinen Gedanken gewidmet. Wie oft hatte ich gedacht: „Ich muss dies und jenes noch.“ Aber wann dachte ich, „ich will?“ Und wie oft dachte ich, „wenn ich erst dies und das erreicht habe, dann kann ich anfangen, dies und das zu wollen“. Und noch mal passierte es, dass ein mir nahestehender Mensch verstarb. Wieder einmal wurde mir vor Augen geführt, wie kurz dieses Leben sein kann. Da hecheln wir den Dingen hinterher, statt einfach mal zu sagen: „Ich bin es mir wert, jetzt zu genießen.“

Mein Leben ist so kostbar! Zu oft lasse ich mich von all den Geschehnissen im Außen auf die Bühne reißen und bin im Herzen zerrissen. Dein und mein Herz möchten einfach nur gefühlt werden. Von uns selbst! Das ist das Geheimnis! Uns selbst zu fühlen von der inneren Mitte, dem Zuhause deiner Seele und deines Herzens, das ist unsere Aufgabe unsere Mission, unser Sinn des Lebens. Deine Seele hat einen Plan, führt dich jeden Tag zu dem Punkt hin, von dem du aus weitergehen sollst. Wenn dein Leben ein Hamsterrad ist und permanent eine Wiederholungsschleife, dann schreibe dir deine

Wiederholungsschleifen auf. Genau da liegt die Lösung, einen anderen Gedanken hineinzugeben. Dein Leben ist zu kurz für Wiederholungsschleifen. Dein Leben ist lang genug, um die Schönheit dieser Welt zu begreifen. Klar kannst du deinen Fokus auf die vielen Dinge ausrichten, die „doof" laufen, genauso gut könntest du dich fragen: „Und welchen Beitrag darf ich leisten, damit es so vielen Menschen wie möglich gut ergeht?" Ganz ehrlich, solltest du jetzt denken, „nur ich bin mir der nächste", dann ist mir das auch recht. Wenn du glücklich bist, ist es dein Umfeld auch. Von den Nörglern und Besserwisser dieser Welt gibt es definitiv zu viele. Es dürfen mehr von den Menschen geben, die ihr Leben annehmen und für ihr Glück, ihren Erfolg und ihren Reichtum Verantwortung übernehmen. So wie du. Jeder Schritt ist ein Schritt.

Stell dir vor, du dürftest jetzt deine Geschichte neu schreiben, wie sollte dein Traumleben aussehen? Tue uns beiden einen Gefallen, höre nun deine allerliebsten Lieblingslieder, die dich träumen lassen. Nimm dir einen Stift und ein Blatt Papier. Schreibe im Hier und Jetzt die schönste Vision deines Lebens auf. Nimm dir so viel Zeit, wie du nur kannst. Suche dir dazu Bilder aus dem Internet raus oder aus Magazinen oder Büchern. Schreibe jeden deiner Wünsche so detailliert auf, wie du nur kannst. Schreibe beim romantischen Kerzenschein dazu mit und oder zu einem Glas Wein oder wie auch immer. So, wie du jetzt alles machst oder machen wirst, ist es genau richtig. Spüre deine Wünsche und beschreibe die folgenden Seiten, als würdest du ein Buch über dich schreiben. Sei es dir wert, denn du bist es mir wert, dich auf Flügeln zu deinen Zielen und wünschen zu begleiten.

Interviews zum Thema „Geld-Mindset“

Lars Dietrichkeit

Lars traf ich zum ersten Mal im Mai 2019 bei dem Event „Würde und Demokratie“ mit Prof. Dr. Gerald Hüther in Hannover. Während einer Vorstellungsrunde berichtete ich von dem Projekt „Freie Schule“, welche ich mit meiner Freundin und mit anderen gründete. Lars stellte sich vor mit den Worten: „Wir sind Kollegen. Wir gründen die Freie Schule in Steinhude.“ In dem darauf folgenden Gespräch erzählte mir Lars von seinem Projektstand, aber auch, dass er ein Gebäude dazu entsprechend gekauft hatte. Wir hatten dann über Social Media kurz noch Kontakt und dann rief ich Lars ein Jahr später an und fragte, ob er mir nicht bei unserem „Freie-Schule“-Problem helfen könnte. Lars gab mir den entscheidenden Tipp loszulassen. Natürlich hatte ich bis dahin vom Loslassen gehört, aber Lars hatte eben zum richtigen Zeitpunkt die richtigen Worte und ich hatte zu diesem Zeitpunkt das Glück, empfänglich für seine Worte zu sein. Die Zeit war reif dazu.

Da ich wusste, dass Lars mit Geld gut umgehen kann, war es nun naheliegend, spontan mit ihm ein Interview zum Thema Geld-Mindset zu führen.

Kurz noch zur Person Lars Dietrichkeit. Lars arbeitet bei der Firma innoaphone AG sowie bei Educational Greenhouse gGmbH.

Interview mit Lars Dietrichkeit:
„Wie ist deine Haltung zu Geld?“, fragte ich.

Lars kommt, wie er sagt, aus einfachen Verhältnissen. Sparsamkeit wurde ihn früh gelehrt. Lars lernte früh zu hinterfragen, ob er tatsächlich die Dinge brauchte, die er sich wünschte. Seine Eltern hatten ihm oft genug gesagt, dass er all das nicht bräuchte, da es später in der Ecke rumfliegen würde.

„Wie ist dein Geld-Mindset? Gibt es einen Geld-Glaubenssatz, der dich durch dein Leben begleitet?“

Obwohl die Familie kein Geld für Urlaub hatte, waren die Eltern keineswegs neidisch, sondern sie freuten sich, wenn andere sich was leisten konnten. Lars‘ Vater sagte oft: „Ich gönne jedem das Doppelte von dem, was er mir wünscht.“ Sicherlich eine Medaille mit zwei Seiten. Lars jedoch nahm das Positive für sich daraus mit. Und noch etwas stärkte ihn für sein Leben, die bedingungslose Liebe seiner Eltern. „Für meine Eltern war ich immer richtig, so, wie ich war und bin.“

„Wie bist du zu deinem Geld gekommen? Wie war dein Lebensweg?“

Schon früh hatte er arbeiten müssen und so verdiente Lars im Vertrieb schnell viel Geld. Seinen Lebensstandard erhöhte er nicht. Seine Kollegen gaben ihm schnell den Tipp, vom Geld ein Haus zu kaufen, bevor das Geld für Familie oder andere unnötige Dinge ausgegeben würde. Lars beherzigte den Tipp und kaufte mit 25 Jahren sein Haus. Dieses hatte er auch dann schnell abbezahlt. Es fiel keine Miete an, keine Kredite waren zu bezahlen. Seine Frau hatte auch keine zu hohen Ansprüche und das Geld sammelte sich an.

„Wie hat sich dein Verhältnis zu Geld mit der Zeit entwickelt?"

Als die ersten „Zipperlein" kamen, hatte er für sich entschieden, zu ergründen, woher diese „Zipperlein" kamen und beschäftigte sich mit seinen Ängsten. Er hatte für sich festgestellt, dass zu viel Geld zum Unwohlsein führt. „Geld", so sagt Lars, „muss im Fluss sein. Unsere Gesellschaft ist wie ein Kreislauf und das Geld wie Blut. Du musst was mit dem Geld machen, sonst kommt es zu einem Infarkt."

Lars begann dann mit der „Spinnerei", sein Geld positiv wirken zu lassen. Er spendete Geld. Für den Segelklub beteiligte er sich daran, ein Spielschiff für Kinder zu kaufen. Dann kaufte er ein Grundstück in Paraguay, um dort die Aufforstung und den Naturschutz zu unterstützen. Er beteiligte sich noch bei Genossenschaften und ist nun Gesellschafter in der vom ihm mitbegründeten Educational Greenhouse. Er investiert und bekommt kein Geld dafür zurück. „Und das ist gut so", sagt er.

Das Resümee zum Interview mit Lars Dietrichkeit:

„Ich gönne jedem das Doppelte von dem, was er mir wünscht.“

Auch wenn, wie Lars sagte, dieser Satz seine zwei Seiten hat, berührt mich diese Aussage zutiefst. Lars‘ Eltern freuten sich mit ihren Nachbarn mit, wenn diese sich was Schönes geleistet haben. „Neid kannten sie nicht“, erzählte Lars. Ich selbst glaube, dass Neid nichts anderes ist als die Verlustangst. Die Verlustangst wird meines Erachtens schon von Kindesbeinen antrainiert, indem die Kleinkinder schon früh lernen sollen, ihr Spielzeug zu teilen oder abzugeben. Ich kann mir sehr gut vorstellen, dass die Kleinen das, in unseren Worten ausgedrückt, als unfair empfinden, dass über ihr Spielzeug jetzt wer anderes verfügen darf. Der Schmerz, dass das eigentliche Spielen somit unterbrochen ist, fühlt sich furchtbar für mich an, wenn ich das nachempfinde. Das Konkurrenzverhalten gehört ebenfalls in diese Kategorie. Die Kinder lernen früh, dass andere Kinder längst nicht so laut sind wie sie selbst. Andere Kinder können dann immer viel besser andere Dinge als man selbst. Das Selbstwertgefühl muss doch zwangsläufig drunter leiden, wenn andere so viel besser sind als man selbst.

Das Weinen, die Wut und das Schreien werden gleichsam in der Kindheit aberzogen. Bäm, da hat man die funktionierenden Kinder. Brav sind sie und

Kindererziehung ist wirklich nicht schwer. Man muss sich nur mal ordentlich durchsetzen. Später fragt man sich, warum immer mehr Menschen aus der Reihe tanzen. Es ist für uns alle gesünder, Gefühle wie Wut und Trauer als Kinder herauslassen zu dürfen und ein Gewinn, wenn diese Prozesse mitfühlend begleitet werden. Bis jetzt wird den Kindern an Gefühlen so einiges aberzogen oder die Gefühle eines Kindes werden sowohl heruntergespielt als auch dramatisiert. „Du stellst dich an" oder „das ist nicht so schlimm", diese Sätze gehören dann zu dieser hochgelobten Erziehung. Es wäre doch sinniger, dass den Kindern gelehrt wird, dass es in Ordnung ist, wenn andere Menschen Dinge besitzen oder besser können als man selbst. Einfach mal eine Runde mitfreuen mit anderen Menschen. „Ich gönne jedem das Doppelte von dem, was er mir wünscht."

Durch dieses Bewusstsein bleibt mehr Energie für das Fokussieren auf das eigene Glück und den Erfolg.

Bedingungslose Liebe. „Ich wurde bedingungslos geliebt, denn ich durfte so sein, wie ich bin." Genau diesem Umstand verdankt Lars sein Urvertrauen.

Liebe ist sehr machtvoll. Die Liebe der Mutter ist elementar wichtig für die Entwicklung des Selbstwertgefühls. Nicht genügend an Liebe erhalten zu haben, führt zu einem Mangel, den so mancher mit Konsum versucht, zu beseitigen. Andere wiederum suchen sich Partner und stellen Erwartungen, die kaum jemand erfüllen kann. Und andere schenken unaufhörlich, um diesen Mangel auszugleichen. Egal, welche Strategie jemand sich unbewusst auswählt, solch ein Mangel kann mit keinem Geld der Welt ausgeglichen werden und auch durch keinen anderen Menschen. Selbstliebe heißt hier der Schlüssel zum Erfolg.

Eine Anhäufung von Geld führt zum Unwohlsein. Schwer nachzuvollziehen, wenn man selbst nicht genug besitzt und dachte, dass viel Geld eine Sorglosigkeit bescheren müsste. Andererseits, wenn so die Zahlen des Guthabens auf dem Konto in die Höhe schnellen, hat dann Geld noch eine Bedeutung? Verliert Geld an Bedeutung, wenn es eben zu viel vorhanden ist? Und wenn dem Geld keine Bedeutung mehr beigemessen wird, es also nicht mehr bewirkt, führt dieser Umstand zum Unwohlsein. Ab diesem Moment, wo das Geld zu viel wird, sollten Investitionen stattfinden, die dem Geld und Wirken des Geldes eine bestimmte Bedeutung geben, um dem Unwohlsein entgegenzuwirken. Geld in bestimmter Höhe kann gewissermaßen sinnlos sein, wenn dem eben kein wert beigemessen wird.

Jeder entscheidet für sich selbst, wann er genug Geld hat oder nicht. Ich fand es berührend, wie Lars dem Geld eine Seele bzw. doch zumindest gute Energie mit auf die Reise gegeben hat. Lars gab seinem Geld wieder eine Bedeutung und erfreut sich noch an der Wirkung des Geldes.

Hermann Kempf

Über einen gemeinsamen Freund kam ich in Kontakt mit Hermann Kempf. Zuvor hatte ich bereits von seinen erfolgreichen Projekten erfahren. Hermann Kempf hatte bereits im Alter von 20 Jahren seine erste Million umgesetzt. Unbedingt wollte ich in Erfahrung bringen, welche Motivation zu solchen Millionenprojekten führt. Mein Freund hatte spontan die Idee, dass ich zu einem Treffen hinzukommen könnte.

Kurz zur Person Hermann Kempf: Aktuell investiert und errichtet er ein Mietwohngebäude im Passivhausstandard mit einer Investitionssumme von ca. 5 Millionen.

Interview mit Hermann Kempf

„Hermann, fühlst du dich erfolgreich."

„Ob ich mich erfolgreich fühle? Schwierige Frage. Mir ist bewusst, welche hohe Verantwortung ich aktuell trage, und dies geht einher mit hohem Druck. Ich gehe ein hohes Risiko ein. Ob es mir gut damit geht, ist eine gute Frage." Hermann wirkt sehr konzentriert und bedächtig beim Erzählen.

Ich frage Hermann, wie die Familienverhältnisse waren, aus der er kam. Hermann hatte vom Elternhaus selbst kein Startkapital ins Leben mitbekommen. Daraus hat er für sich den Ansporn entwickelt, dass es seinen Kindern mal besser ergehen soll. Aus diesem Entschluss heraus schaute er sich die aktuelle Marktlage an, um zu ermitteln, wo er ein gutes Einkommen erzielen könnte. Schnell stellte sich für ihn heraus, im Angestelltenverhältnis ist das monatliche Gehalt limitiert. Hermann liebt die Musik und so war es naheliegend für ihn, mit dem Verkauf von Musikinstrumenten Geld zu verdienen. Die Instrumente wurden vorab gut überlegt ausgesucht, dann nur mit dem eigenen Label versehen und online verkauft.

„Aber der Verkauf von Produkten unterliegt ja auch irgendwann der Marktsättigung", berichtet Hermann. „Und so habe ich mir überlegt, auch passive Einkommensquellen zu generieren. Eine Investition in Windkraftanlagen und Solaranlagen war da naheliegend. Mein Ziel ist es, für meine Rente vorgesorgt zu haben und, sollte mal ein Unfall passieren, immer noch liquide zu bleiben. Mein zweites Standbein habe ich mir dann durch Immobilen aufgebaut. Zunächst hatte ich ungefähr zwischen 30 und 40 Eigentumswohnungen erworben. In den Jahren 2009 bis 2012 wurden die Wohnungen bei Zwangsversteigerungen erworben (ca. 10k/Wohnung), dann saniert und normal am Markt verkauft. Anschließend bin ich zu meinem ersten Neubauprojekt gekommen, um größere Volumina bewegen zu können. Die Investitionen in erneuerbare Energien sollten mir ein gewisses Grundeinkommen generieren."

Auf meine Frage hin, was er an Ausbildung mitbrachte, erzählt mir Hermann davon, dass er studiert habe. Erst Betriebswirtschaft, allerdings war Mathe dann nicht so sein Fach und so wechselte er in die Politikwissenschaft.

„Bei welchem Geldbetrag, sagst du, er reiche dir zum Leben aus?", frage ich ihn.

Durch seine Mutter hatte Hermann gelernt, sehr sparsam mit Geld umzugehen. Außerdem machen ihn Sachgegenstände allein nicht glücklich. Er liebt Gesellschaftsspiele wie „Der Hanse" und „Monopoly".

„Dies hat mich ebenfalls zu einem sehr guten Händler werden lassen", so Hermann. Qualität und der Mehrwert stehen für ihn immer Vordergrund. Beim alltäglichen Einkauf achtet Hermann zwar immer gern auf Angebote, allerdings ist es für ihn aber auch grundsätzlich sehr wichtig, dass Qualität und Verhandlungsbasis nicht zu kurz kommen.

Jeden Tag empfindet Hermann als eine Ausbildung.

Über Misserfolge, die ihm zu seinem Erfolg gebracht haben, berichtet er ebenfalls. Zum Beispiel hatte er bei seinem ersten Hausbau bitteres Lehrgeld bezahlen müssen. „Und einmal, da hatte ich tatsächlich mit dem Kauf eines Gabelstaplers versagt. Der Gabelstapler hatte einen Motorschaden gehabt, der verschwiegen wurde." Eines der seltenen Minusgeschäfte.

Weiterhin betont Hermann, dass die Ansammlung von Geld nicht zum eigenen Wohl beiträgt, sondern das Geld eben in Bewegung bleiben muss. Dass seine Handlung und Investition einen Mehrwert bringen soll, das ist Hermanns Hauptanliegen.

Resümee des Interviews mit Hermann Kempf

Ohne Startkapital zum Erfolg.
Hermann Kempf ist das beste Beispiel dafür, dass nicht das Startkapital oder die Familienverhältnisse eine Grundvoraussetzung für den Verdienst von Millionen sind. Für seinen Erfolg waren die Motivation und das Ziel entscheidend. Seine Ziele, seine Familie langfristig abzusichern und Millionen zu verdienen, war eine wichtige Voraussetzung für sein Handeln und auch seinem daraus resultierenden Erfolg. Gut überlegt und wohldurchdacht ist er seinem Ziel gefolgt. Seine Pläne sind immer aufgegangen. Doch dahinter steckt eben auch Fleiß, Ausdauer und der Glaube an den Erfolg.

Mit passiven Einkommensquellen zur Grundabsicherung.
Um auch in Krisenzeiten bestehen zu können, entschied sich Hermann Kempf für passive Einkommensquellen. Dabei setze er nicht auf die Finanzwelt in Form von Aktien oder auf Investitionen im Bereich Wertsteigerung. Hermann Kempf erkannte

den Mehrwert in Erzeugung von grünem Strom und investierte in Windrädern. Mit diesem Standbein kann er sich seine anderen Träume verwirklichen.

Qualität und der Mehrwert stehen immer Vordergrund.
In dieser Aussage spüre ich einfach die Freude, Liebe und Leidenschaft, die Hermann Kempf den Dingen schenkt. Natürlich kommen hier auch Achtsamkeit und Aufmerksamkeit zum Ausdruck. Wer so sein Geld investiert, handelt keineswegs leichtfertig. Mit dieser Besonnenheit und Ernsthaftigkeit hat Hermann Kempf ein gutes Händchen bewiesen.

Die Liebe zu Gesellschaftsspielen wie „Der Hanse“ und „Monopoly“.
Wirklich beeindruckend finde ich, wie die Liebe zu Gesellschaftsspielen Einfluss auf das spätere Handeln und Geschick nehmen kann. Hermann liebt diese Strategiespiele bis heute. Und wenn er davon erzählt, kommen seine Neugier und sein Eifer zum Vorschein.

Hannes Kohlenberg

Hannes habe ich Anfang 2020 über Social Media kennengelernt. Wir kamen durch meinen im Juni 2020 eröffneten Unverpackt-Laden in Kontakt. Hannes beeindruckt mich seit dieser Zeit mit seiner Philosophie und einer Lebenseinstellung, was für mich pures Glück und Gold bedeutet.

Kurz zur Person Hannes Kohlenberg: Hannes deckte in dem Jahre 1995 den Bankenskandal in Berlin mit auf. Leider oder auch Gott sei Dank bescherte ihm diese Gegebenheit das Leben als Früh-Pensionär.

Interview mit Hannes Kohlenberg
Am Anfang unseres Interviews frage ich Hannes, wie er zum Thema Geld, Erfolg und Reichtum steht. Hannes bezeichnet sich selbst als einen reichen Menschen. Allerdings nicht so wie es andere vielleicht verstehen. Er hat die Philosophie: „Geld macht nicht glücklich, gelb macht glücklich." Mit gelb meint Hannes das Gelb der Sonne und der Blumen. Hannes sagt, er habe nie Geld gefordert. Ihm wurde alles mit Leistung zugebracht. Er habe nur einmal eine Gehaltsforderung angefragt und diese wurde abgelehnt. Ansonsten hat er über zehn Gehaltserhöhungen bekommen. Hannes möchte kein Millionär werden. „Warum auch? Was solle ich damit?" Hannes möchte über Vorbild anstecken und

über Leistung Geld bekommen. Er bekommt eine gute Rente und spendet dieses Geld. Eine Zeit lang wollte er damit sein Gewissen beruhigen. Die Großtante sagte immer: „Du bist Hans im Glück.“ Hannes hörte es oft, dass er das glaubte, und lebte dieses auch.

Ich frage Hannes, wie die Familienverhältnisse waren, aus denen er kommt. Er komme aus ganz, ganz einfachen Verhältnissen, antwortet Hannes. Er habe zwar den Mangel erlebt, aber nicht als solchen gespürt, da es Normalität war. Über Geld wurde in der Familie nicht so oft gesprochen. Das Leben drehte sich in der Kindheit nicht um Sachen, sondern um Spielen. Und so lernte Hannes Schwimmen im Mittellandkanal ohne Erwachsene in der Nähe. Seine Mutter lehrte ihn mit ihrer Liebe und Hingabe viel Urvertrauen.

Als Nächstes frage ich Hannes, ob er gerne schenkt oder gerne Geschenke erhält. Hannes antwortet, dass sie als Kinder nicht mit Geschenken überhäuft wurden. Die Geschenke kamen und die Kinder wertschätzten diese Gaben. Neue Sachen konnten sich seine Eltern kaum leisten. Hannes kann sich nicht daran erinnern, ob er irgendwelche Dinge nicht bekommen hätte, die er sich gewünscht hätte. Er war schon immer sehr bescheiden. Als sie mal in einem Spielzeugwarengeschäft in Hannover waren, da habe er die Orientierung verloren und seine Mutter ebenfalls. Hannes liebte es, mit Lego-

Steinen großartige Dinge nachzubauen. Es gab nicht so vorgefertigte Lego-Autos und anderes wie heute.

Die Eltern haben das Spielen positiv beeinflusst. Durch die vielen Kinder im Haus und in der Nachbarschaft spielten die Kinder viel draußen und lebten somit auch ihre Kreativität aus. Luxus erlebte Hannes in seiner Kindheit nicht, er teilte sich mit seinem Bruder und seiner jüngeren Schwester sein Kinderzimmer. Seine Eltern leisteten sich erst zu Silberhochzeit ihren ersten Urlaub.

„Welcher Geldbetrag reicht dir zum Leben aus?“, frage ich ihn. Hannes berichtet, dass er den Geldüberfluss erlebt hatte, als er seine Ausbildung zum Revisor machte. Sein Lebensstandard war sehr gering und so sparte er das Geld. Ein bestimmtes Ziel verfolgte Hannes nicht. Seine Weichen zum Berufsleben wurden mit dem geschenkten Schreibtisch zum 14. Lebensjahr gestellt. Der Besuch des Gymnasiums entfiel durch eine kurzfristige Änderung durch die Gemeindereform. Sein Vater brachte ihn zur Bank. „Er solle sich dann, nach der Ausbildung, um des Vaters Aktiendepot kümmern.“ Das hatte Hannes aber gar nicht interessiert. Er lernte Revisor und deckte später den größten Bankskandal in Berlin der Nachkriegsgeschichte auf.

„Welche Haltung hast du zum Thema Reichtum?“, frage ich Hannes.

„Die Probleme fangen da an, wo auf den gegenüberliegenden Seiten eines Schreibtisches zu viele Nullen im Spiel sind."

Aufgrund eines aufgedeckten Bankenskandals wurde Hannes von der Bank entlassen. Seitdem lebt er von seiner sehr ordentlichen Rente. Langeweile kennt Hannes nicht, er widmet seine Zeit seither dem Klimaschutz, seiner wahren Berufung. Hannes mag zwar nicht zu den Reichen gehören, die viele Nullen auf dem Konto besitzen, dafür besitzt Hannes Schätze, wie zum Beispiel handsignierte Bücher.

Er hat nach seiner Kündigung und mit dem Erhalt einer guten Rente sein Leben dem Klimaschutz gewidmet. Er liebt es zu philosophieren und andere Menschen anzustecken, das Beste aus ihrem Leben zu machen.

Resümee des Interviews mit Hannes Kohlenberg

„Ich möchte mit meinem Vorbild anstecken."
Unsere Welt braucht Menschen, die besondere Wege gehen, tugendhaft und verantwortungsbewusst mit dem Umgehen, was ihnen geschenkt wurde und die Dinge, die sie umgeben, auch wertschätzen. Ohne Vorbilder entsteht eben kein konkretes Bild, wo die Zielsetzungen erfolgen sollen. Eine gewisse Orientierungslosigkeit ist die Folge, ohne Vorbilder.

„Geld macht nicht glücklich, gelb macht glücklich.“

Die Sonne, die Freude und die Liebe tragen diejenigen im Herzen, die sich vom Leben gesegnet und geschenkt fühlen. Glück ist etwas, wofür man sich entscheidet. Es fällt einem nicht zu, es gehört bereits einem selbst. Menschen, die tagtäglich mit Geld arbeiten, sind sehr diszipliniert in der Aufzeichnung, haben aber ansonsten eine äußerst gelassene Einstellung. Was nicht heißt, dass sie mit dem Geld verschwenderisch umgehen. Sie sind sich bewusst, dass die Herkunft des Geldes seinen Ursprung hat.

„Die Probleme fangen da an, wo sich auf den gegenüberliegenden Seiten eines Schreibtisches zu viele Nullen bewegen.“

Dieser Satz ist zweideutig zu verstehen und meint, dass je nach dem mit welcher Einstellung der Besitzer oder Verwalter dieses Geld hat, sowohl Gutes als auch Schlechtes damit angestellt werden kann.

Für mich ist eine Zahl oder ein Geldbetrag zunächst einmal eine Zahl bzw. ein Geldbetrag. An dem Tag, an dem ich das erste Mal fünfstellige Zahlen von links nach rechts schob, bemerkte ich meine Unbekümmertheit. Bis dahin hatte ich viel mit Zahlen zu tun. Selbst sechsstellige Zahlen beeindrucken mich als solche nicht. Am Ende des Tages stellt sich die Frage, wie das Ganze finanziert werden kann und soll. Selbstverständlich dürfen keine erheblichen Differenzen entstehen.

Aber selbst in meiner Ausbildungszeit erlebte ich, als sich jemand an den Tageseinnahmen des Arbeitgebers bediente. Die Macht des Geldes kann einen schwachen Charakter schnell verführen.

Mit den „vielen Nullen“ ist nun aber auch Charakterstärke- bzw. Schwäche gemeint.

„Die Geschenke haben wir als Kinder als wertvoll erfahren.“

Hinter Geschenken verbirgt sich eine Summe x an Geld. Ein Geschenk ist also nichts anderes als ein Gegenstand, der mit einer Summe x erstanden worden ist, aber den wahren Wert des Produktes nur dem Kenner verrät. Ein Geschenk ist immer ein Akt der Gnade, die uns zugedacht wird. Somit wird jedes Geschenk wertvoll, da wir als Beschenkter uns als wertvoll empfinden.

Heinrich-Donatus zu Schaumburg-Lippe

Erbprinz Heinrich-Donatus zu Schaumburg-Lippe traf ich zum ersten Mal in einer Szenekneipe in unserer Heimatstadt. Dort trat er mit seiner Band „Reisegruppe Schaumburg“ auf. Donatus war zu diesem Zeitpunkt 15 Jahre. Unsere Wege kreuzten sich immer mal wieder und eher zufällig zu verschiedenen Anlässen.

Kurz zur Person Heinrich-Donatus zu Schaumburg-Lippe: Donatus hat eine Ausbildung bei der Militärakademie und eine wirtschaftliche Ausbildung an einer renommierten Business-Uni absolviert. Zum Zeitpunkt des Interviews forscht er mit einem Team im Bundesstaat Arizona an einem antiviralen Mittel, dass kein Wachstum von Viren und Bakterien an beispielsweise Kleidung zulässt.

Interview mit Heinrich-Donatus zu Schaumburg Lippe

Als Erstes fragte ich Donatus, wie er zum Thema Geld und Erfolg steht bzw. welche Haltung er dazu hat. Bescheiden beginnt Donatus das Interview mit den Worten: „Ich weiß nicht, ob ich der richtige Ansprechpartner mit meinen 26 Jahren bin, zum Thema Geld und Erfolg.“

Donatus ist zu diesem Zeitpunkt des Interviews in Arizona und arbeitet daran, einen antiviralen Stoff zu entwickeln, der keine Grundlage für Keime und

Viren bietet. Angesichts der gerade herrschenden Pandemie ein wertvoller Beitrag. Donatus beginnt damit, zum Thema Geld vom Wissenschaftler Adams Smith, dem Wirtschaftszyklus und der unsichtbaren Hand zu berichten. Es ginge darum, mit der eigenen Erwerbstätigkeit seine eigenen Lebensumstände zu erhalten und abzusichern. „In unserer Familie gehört zu den finanziellen Zielen, den Lebensstandard abzusichern, Werte zu schaffen und an die nachkommenden Generationen weiterzuvererben." In seinem Umfeld erlebt es Donatus mitunter auch, dass eben der Papa viel Geld erwirtschaftet, die Kinder dieses Geld verplempern und die Enkelkinder wieder ein Vermögen aufbauen. „Die meisten leben so, dass sie ihren „nine to five"-Job machen, eine Summe x erwirtschaften, die Kosten bezahlen und den Rest des Geldes in irgendwelche Statussymbole investieren.

„So, wie es untragbar für die Wirtschaft ist, das Geld zu horten, so ist es auch untragbar, das Geld zu verplempern", berichtet Donatus. Zehn Prozent des Geldes würde er in sichere Aktien anlegen und fünf Prozent davon in unsichere Aktien. Den Rest des Geldes würde er in Werte investieren.

Wenn Donatus sich Besitztümer kauft, stellt er sich immer vorab die Frage, ob andere das genau so wertvoll wie er empfinden würden.

„Was wären die Gegenstände in 30 Jahren wert?", fragt sich Donatus bei Investitionen. „Die Balance zwischen Geld sparen und Geld ausgeben, das ist eben die Kunst. Geld verdienen sollte Spaß machen", findet Donatus. „Karrieren beginnen da, wo Menschen sich entschieden haben, sich für ihre Ziele einzusetzen. Schau dir Ursula von der Leyen an, die mit 43 Jahren ihre Karriere begonnen hat. Da gibt es so viele Beispiele und auch Statistiken, dass Menschen mit 40 Jahren und älter erst ihre erfolgreichen Geschäftsmodelle aufgebaut haben."

Ihm wurde mal erzählt, dass zwischen den irrsinnig Erfolgreichen und den Verzweifelten, die kein Geld haben, eben der Unterschied darin liege, dass die Erfolgreichen das Ganze als Spiel und Spaß empfänden. Entscheidend ist, dass die Vermögenden zunächst ihr Geld für Kosten, dann für Investitionen und erst zum Schluss in Spaßobjekte investieren. Die Investitionen erfolgen so, dass das Geld eben für sich arbeitet, während weniger Vermögende erst die Kosten abdecken und dann direkt in Spaßobjekte investieren.

Zurück zum Spiel und Spaß, Donatus konnte beobachten, dass eben bspw. in Ländern wie in Asien und den Staaten die Reichen schon mal eher ihr ganzes Vermögen verspielen.

Dann frage ich Donatus, wie er zum Thema Geschenke steht, ob er gerne schenken würde oder auch gerne Geschenke erhält. Donatus erzählt, dass er es als wertvoll erachtet, wenn Geschenke den Körper und den Geist gleichermaßen fördern, wie zum Beispiel Kreativsets oder aber auch Sportequipment. Er selbst nehme Geschenke ungern an, da diese doch von Ersparnissen erstanden worden sind, und diese sollten doch eben wertbringend angelegt werden.

„Bei welchem Geldbetrag meinst du, dass dieser ausreichend für das Leben ist?“, frage ich Donatus.

„Ich komme mit sehr wenig Geld aus“, antwortet er. Er lebt von dem Geld, was er sich selbst erwirtschaftet hat. „Viel brauche ich nicht, um glücklich zu sein und gut zu leben.“

Zum Schluss frage ich Donatus, ob er einen bestimmten Glaubenssatz zum Thema Geld hat. Donatus erzählt mir, dass zu ihm ein Vertrauter meinte: „Schau dir die Welt an. Schau dir Filme an. Überlege dir dann, wie die Welt in 20 Jahren ausschauen könnte. Und dann überlege dir, welchen Beitrag du dazu leisten kannst. Ich überlege mir immer, zu welchem sozialen Unterschied ich beitragen kann und welchen messbaren Unterschied ich leiste.“ Donatus betont: „Meines Erachtens sollte nicht das Geld das Ziel sein, sondern die Passion, die Vision und der eigene Mehrwert für die Gesellschaft.“

Resümee des Interviews mit Erbprinz Donatus Schaumburg

„Meines Erachtens sollte nicht das Geld das Ziel sein, sondern die Passion, die Vision und der eigene Mehrwert für die Gesellschaft.“

Das Ziel ist es, sich nicht auf das Materielle zu fokussieren, sondern auf das Immaterielle. Mit 26 Jahren diese Erkenntnis zu haben, finde ich bemerkenswert. Was hinter der Passion steckt, ist pure Leidenschaft. Die Hingabe, für eine Vision alles zu geben. Das ist so machtvoll, kaum mit Worten zu beschreiben. Manch einer weiß gar nicht, was es mit der Passion oder der Vision auf sich hat. Als wir Menschen noch nicht in direkter Konkurrenz zueinanderstanden, da entwickelten wir Visionen und lebten die Kreativität. Doch mit dem Materiellen kamen die Ansprüche besser, schneller, weiter und höher als unsere Mitmenschen zu sein. Die Kreativität wurde im Keim durch den Materialismus erstickt. Die Entfremdung und die Anonymität zueinander verstärkten sich.

Unser wertvollstes Gut sind unsere Gedanken, unsere Kreativität, und diese gilt es zu auszuleben und zu trainieren. Dass das Materielle unser Gedankenkonstrukt und die Leistung unseres Gehirns in dieser Art und Weise ausbremst, ist, in meine Worte gefasst, beschämend.

„Schau dir die Welt an, schau dir Filme an, überlege dir, wie die Welt in 20 Jahren ausschaut, und dann überlege dir, welchen Beitrag du dazu leisten kannst.“

Welche Grundlagen, welche Investitionen, welche Entwicklungen können wir für nachfolgende Generationen als Basis schaffen? Welche Denkweise benötigen die nachfolgenden Generationen, um die Herausforderungen unserer Zeit zu überstehen?

„Zurück in die Zukunft“ gehörte für mich eben zu den futuristischen Filmen schlechthin, bei denen ich mich fragte: „Wie wird unsere Zukunft aussehen?“ Selbst der Film „Nr. 5 lebt“ inspirierte mich dazu, unsere heutigen Trends zu beobachten. David Precht, Professor der Philosophie und Publizist, sagte vor einiger Zeit (kein O-Ton): „Wir haben die Digitalisierung 4.0 und der Mensch muss sich ebenfalls zu 4.0 entwickeln, wenn dieser die Existenz und das Überleben der Menschheit sichern möchte.“

Es ist an der Zeit, dass wir anerkennen, dass wir einen Bildungsnotstand haben und das Auswendiglernen und die Wiedergabe von Erlerntem unsere Intelligenz nicht fördert. Vielmehr ist es das praktische Erleben und das Austauschen zum Erlebten. Unsere Synapsen sind im Freudentaumel, wenn wir mit unseren Freunden, unseren Liebsten, unsere Highlights austauschen. Wir regen uns somit gegenseitig an, zu erleben, auszuprobieren und ja, wir

interagieren. Das könnte in der Schule viel mehr gefördert werden. Allgemeinwissen ist wichtig und kann auf sehr vielfältige Art und Weise erfahren und erlebt werden. Möge das Schulsystem noch mehr umsetzen und möge die Gesellschaft ihren Beitrag zu leisten.
„Ich überlege mir immer, welchen sozialen Unterschied ich erbringen kann und zu welchem messbaren Unterschied ich beitrage."
Die eigene Selbstwirksamkeit zu überprüfen, gehört zu unserer kindlichen Ressource. In den ersten Lebensjahren lernen wir, wie unser Umfeld auf uns reagiert. Mit Beginn der Schule und einem gewissen Alter wird diese Fähigkeit wieder aberzogen und wir lernen, auf das Umfeld zu reagieren. Damit geben wir die Verantwortung in die Be- und Verurteilung anderer. Dabei sollte statt des Lernens stets das Handeln im Vordergrund stehen. Wir sind es wert, an unserem Handeln beurteilt zu werden statt an unseren Worten. Worte können machtvoll sein, wenn das Handeln dazu passt. Ansonsten sind es Phrasen, die ausschließlich der Täuschung und Irreführung dienen. Die messbare Einheit, die für messbaren Unterschied genutzt werden kann, ist unser Handeln.

Alexander zu Schaumburg-Lippe

Alexander zu Schaumburg-Lippe lernte ich zum ersten Mal auf dem Weihnachtszauber in Bückeburg kennen, eine Veranstaltung, die kein anderer als er selbst ins Leben rief. Was mir an Fürst Alexander zu Schaumburg-Lippe imponiert, ist sein Geschick, das Schloss immer wieder bemerkenswert in Szene zu setzen und zu einem wahren Tourismusmagneten gestaltet zu haben. Dabei kenne ich Alexander zu Schaumburg-Lippe als sehr bodenständig und äußerst verantwortungsvoll.

Interview mit Alexander zu Schaumburg-Lippe
„Welche Haltung hast du zum Thema Reichtum?"

Alexander zu Schaumburg-Lippe verbindet mit Reichtum die Leistung. „Ohne Leistung vergeht Reichtum. Für den Erhalt des Vermögens muss etwas getan werden. Natürlich kann man den Reichtum auf verschiedene Ebenen sehen. Zum Beispiel auch: Wer viel Freunde hat und geliebt wird."

„Wie ist deine Haltung zu Geld?"

„Gesunde wirtschaftliche Verhältnisse sind wichtig. Eine materielle Schieflage zeigt sich eben dann auch auf anderen Ebenen. Der Glaube allein reicht nicht, um reich zu werden."

Alexander zu Schaumburg-Lippe teilt nicht die Ansicht, wie sie im Buch „Think and Grow Rich" von Napoleon Hill beschrieben wird. Denn sonst würde es viele mit finanziellem Reichtum geben. Das schließt sich aber aus, da es nicht genügend Ressourcen gibt."

„Hast du einen Geld-Glaubenssatz?"

„Wer finanziellen Reichtum erlangen will, der muss kämpfen. Denn Geld lässt sich mit Ressourcen erwirtschaften. Dafür braucht es einen unternehmerischen Kampfgeist," verrät Alexander zu Schaumburg-Lippe.

„Gibt es für dich einen bestimmten Geldbetrag, mit dem eine Zufriedenheit auf jeden Fall erreicht wird?"

„Wann ist viel Geld zu viel? Was kann man mit fünf Milliarden Euro kaufen, was man nicht mit einer Milliarde Euro kaufen kann?", stellt Alexander Schaumburg-Lippe berechtigt seine rhetorische Frage.

Eine Vermögensobergrenze einzuführen, hält Alexander Schaumburg-Lippe für Nonsense. „Denn wann ist genug genug?" Dass dann dem Staat das Geld in die Hand fließt, veranlasst Alexander Schaumburg-Lippe zu der Frage: „Wer sagt, dass der Staat besser mit dem Geld umgehen kann? Das Risiko, dass sich dann eben andere aus der Staatskasse bedienen, besteht."

Ich frage Alexander Schaumburg-Lippe, ob er glücklich mit dem sei, was er hat.

„Es wäre ziemlich unverschämt, wenn ich damit nicht glücklich wäre."

Resümee des Interviews mit Alexander zu Schaumburg-Lippe

„Ohne Leistung vergeht Reichtum. Für den Erhalt des Vermögens muss etwas getan werden."

Der finanzielle Reichtum benötigt eindeutig ein Ziel, eine Motivation und eine Vision. Es ist unmöglich, Reichtum zu verlieren, wenn die Motivation groß genug ist. Wer sein Geld zusammenhalten will, findet Wege, dies auch umzusetzen.

„Wer finanziellen Reichtum erlangen will, der muss kämpfen. Denn Geld lässt sich nur mit Ressourcen erwirtschaften. Dafür braucht es einen unternehmerischen Kampfgeist."

Gemeint sind hier die materiellen Ressourcen. Es scheint mehr als einleuchtend, dass Ressourcen endlich und damit auch die Besitzansprüche reglementiert sind. Die Anzahl der Reichen scheint ebenfalls limitiert zu sein.

„Wann ist zu viel Geld zu viel?"
Eine schon oft gestellte Frage, die den Status unbeantwortbar eingenommen hat. Mir scheint Geld dann zu viel zu sein, wenn die Ziele und Visionen ausgegangen sind.

„Was kann man mit fünf Milliarden Euro kaufen, was man nicht mit einer Milliarde Euro kaufen kann?“

Bei der Vorstellung, Reichtum besitzen zu wollen, ist damit nicht die Frage beantwortet, um welche Zahlen es sich dabei konkret handelt. Und bei der Idee, reich werden zu wollen, fehlt dazu eben der Gegenwert. Was möchte man also mit der Summe X Euro kaufen? Und welche Motivation steckt dahinter, beispielsweise eine Insel kaufen zu wollen? Eine Notwendigkeit steckt dahinter sicherlich nicht. Eher der Gedanke des Luxus und des Komforts.

„Denn wann ist genug genug?“

Eine Vermögensobergrenze würde bedeuten, dass trotz unterschiedlicher Höhe der finanziellen Verantwortung nur eine bestimmte Summe X Euro zur Verfügung stehen würde. Spätestens da sollte doch klar sein, dass mit mehr finanzieller Verantwortung die feste Summe X Euro eben variabel und proportional mitwachsen muss.

„Wer sagt, dass der Staat besser mit dem Geld umgehen kann?“

Eben. Es gibt nicht die eine Lösung. Am sinnvollsten geht doch derjenige mit dem Geld um, der was zu verlieren hat – den vererbten Reichtum.

Dagmar und Jörg Gregel

Dagmar und Jörg durfte ich auf dem Weihnachtszauber in Bückeburg kennenlernen. Sie haben eine freundliche, offene und gewinnende Art. Jörg ist als operativer Insolvenzverwalter tätig. Sie haben ein eigenes Unternehmen. Dagmar und Jörg haben gemeinsam vier Kinder und leben ein zufriedenes, erfülltes und glückliches Leben.

Interview mit Dagmar und Jörg Gregel
Zunächst frage ich die beiden, wie die Familienverhältnisse waren, aus denen sie gekommen sind. Dagmar ist mit neun Geschwistern groß geworden, Jörg mit einem Bruder. Beide kommen aus Familien, die kein großes Startkapital mit auf den Lebensweg bekommen haben. Vielmehr ging es um die Werte. Jörg betonte schon bei meiner telefonischen Interviewanfrage, dass seine Frau zu haben, sein großes Glück sei.

Beide erzählen mit Begeisterung von ihren Kindern und Enkelkindern. Sie berichten von ihrem Lebensweg. Angefangen hatte Jörgs Berufsweg mit dem Abitur und einem Wirtschaftsingenieurstudium. In seinen jetzigen Beruf ist er eher so hineingerutscht. Die Mission in seiner Tätigkeit sieht Jörg in dem Erhalt von Arbeitsplätzen, die somit ihre Familien versorgen können. Dagmar unterstützt Jörg in seinem Beruf. Sie können sich vertrauen und aufeinander verlassen. Meine Frage, ob sie in ihrer Berufswahl frei entscheiden durften, bejahen sie. „Wobei“, sagt Dagmar, „damals war es eben üblich, dass im Dorf gefragt wurde, wo ein Job frei wäre, und dann hat man eben da seine Ausbildung gemacht. Eben über Vitamin B, so, wie es heutzutage teilweise auch noch möglich ist.“

Auch Jörg bestätigt: „Damals wurden die Auszubildenden im Unternehmen ausgebildet, damit diese dann im Betrieb arbeiten.“

Ihr Jüngster hätte auch in ihrem Unternehmen arbeiten können, der hat sich aber für einen anderen Weg entschieden und sich erfolgreich selbstständig gemacht. „Wenn du glücklich bist, dann bin ich es auch.“ So haben Jörg und Dagmar ihre Kinder ins Leben begleitet.

„Was bedeutet für euch Reichtum?“, frage ich die Zwei. Für Jörg bedeutet Reichtum, wenn die Familie alles tun kann, ohne dabei in finanzielle Schwierigkeiten zu kommen. Damit ist aber nicht gemeint, sich alles leisten zu können. „Wichtig ist es, dass ich mir nachts nicht überlegen muss, wie ich am nächsten Tag die Familie ernähren kann und was wir uns alles nicht leisten können. Finanzielle Sorgen bringen auch Sorgen in die Beziehung. Natürlich ist ein gewisser Konsum wichtig. Dadurch werden Arbeitsplätze erhalten und so ist der Lebensstandard der Angestellten gesichert. Der Konsum darf nur nicht in der Geschwindigkeit erfolgen, wie es mittlerweile Usus ist. Die Abwrackprämie hätte nicht sein müssen, nur damit unsere alten Autos in anderen Ländern weiterfahren." So Dagmar und Jörg. Weitere Beispiele für den übertriebenen Konsum sind für die beiden die iPhones und Elektroautos. Sie betrachten dabei den ganzen Prozess und eben nicht nur die wenigen Vorteile, die diese Güter erbringen, sondern auch die mangelnde Lösung für die komplette Prozessschiene.

„Lasst ihr euch gerne beschenken und schenkt ihr selbst auch gerne?"

Geschenke suchen Dagmar und Jörg so aus, dass die Kinder mitbestimmen können oder auch die Geschenke umtauschen dürfen. Sie selbst wünschen sich Geld, mit dem sie sich später etwas Schönes leisten und sich dann an die Feier zurückerinnern können, bei der die Liebsten ihnen so viel Freude und Liebe entgegenbracht haben.

Ich frage die beiden, ob es in ihren Familien ein Vermögen gab, mit dem sie selbst ins Leben gestartet sind. Jörg berichtet, dass sein Vater damals zu ihm und seinem Bruder sagte: „Schaut euch um, wir haben alles, was wir zum Leben benötigen, ausreichend vorhanden." Auch bei Dagmars Großfamilie wuchs so viel im Garten an Obst und Gemüse, dass es auch für andere Familien ausgereicht hätte. „Wir hatten eben immer genug. Die Kleidung wurde vom größten Kind zum Kleinsten weitergegeben. In den Kinderzimmern haben wir zu viert geschlafen." Der

Zusammenhalt unter den Geschwistern währt bis heute. Jeder wird so geliebt, wie er ist. „Jeder darf so sein, wie er ist. Dass untereinander ausgeholfen wird, ist ein Selbstverständnis“, so Dagmar.

„Gibt es für einen Geldbetrag, bei dem ihr sagt, der reicht uns aus?“

Jörg und Dagmar antworten, dass sie mit sehr wenig auskommen, dennoch leisten sie sich hin und wieder etwas Schönes. Auch das Teilen gehört dazu. Und so unterstützen beide finanziell, wo sie können, aber auch im Ehrenamt sind sie tätig. Sie sprechen nicht allzu oft darüber. Dass sich ihre Mitmenschen dankend erkenntlich zeigen, indem sie sich einfach freuen, das behüten Dagmar und Jörg wie einen Schatz im Herzen. „Freude teilen zu können, das gehört für uns zum Wesentlichen im Leben.“

Und so gehe auch ich wie auf Engelsflügeln getragen aus dem Interview, hinaus in die weite Welt.

Resümee des Interviews mit Jörg und Dagmar Gregel

„Finanzielle Sorgen bringen auch Sorgen in die Beziehung.“
Der Kontostand zeigt eben das, was im Leben rundherum so los ist. Sowohl positiv wie auch negativ. Ungeschminkt und ehrlich. Unsere Verhaltensmuster zeigen sich deutlich in diesen Soll- und Haben-

Positionen. Klar ersichtlich ist, welche Gewohnheiten wir haben, ob wir sprunghaft sind, Barbezahler, Kreditkartenbezahler, gerne auf Pump leben, großzügig mit Geld umgehen oder Sparer sind. Und vieles, vieles mehr ist aus unserem Kontostand und den darin enthaltenden Abbuchungen zu erkennen.

„Schaut euch um, wir haben alles, was wir zum Leben benötigen und ausreichend vorhanden."
Sich auf das besinnen, was einen bereits umgibt, ist ein guter Ansatz. Ein Dach über dem Kopf zu haben, ausreichend Lebensmittel vorrätig zu haben, alle Rechnungen bezahlen zu können, ist doch schon mal was. Besser geht immer, das ist ganz klar. Die Frage ist, ob dadurch alle glücklicher werden. Glücklich sein ist eine Lebenseinstellung.

„Jeder darf so sein, wie er ist. Das untereinander ausgeholfen wird ist ein Selbstverständnis."
Diese Einstellung sollte zum „guten Ton" in unserer Kultur etabliert werden. Ein Mensch ist ein Mensch. Jeder bringt auf seine Art und Weise anderen Menschen in ihr Leben, was wichtig ist. Seien es die betagten älteren Menschen, die gerne zuhören und sich an dem Kinderlachen erfreuen können, die aber genauso gut schöne Geschichten erzählen, oder jene, die aus fernen Ländern kommen und von ihrer Lebensweise erzählen. Wie sie Familie leben und verstehen. Oder seien es die Heranwachsenden, die

so störrisch sein können und gleichsam Perspektiven eröffnen, die ins Staunen versetzen. Die Kinder, die mit ihrer lauten Art und ihrem Forscherdrang voller Freude und Elan durchs Leben tanzen. Alles und jeder hat seine Berechtigung und bringt Wertvolles mit sich. Dabei müssen wir gar nicht der gleichen Meinung sein. Wir dürfen uns aneinander erfreuen, dass unsere Spezies so individuell ist bei Milliarden von Menschen, ist bemerkenswert.

„Freude teilen zu können, das gehört für uns zum Wesentlichen im Leben."
Gemeinsam miteinander Zeit zu verbringen, ist und bleibt bis in alle Ewigkeit, was uns menschlich macht und zu uns gehört. Gerade in Zeiten der Pandemie spüren wir, wie wichtig eine herzliche Umarmung ist oder die gemeinsame Zeit, in der sich Sorgen und Freuden erzählt und gemeinsam geteilt werden. Wir Menschen brauchen uns untereinander. Wie schön ist es, wenn du Freunde hast, die sich mit dir freuen können und genauso mit dir leiden können. Freunde sind das A und O neben der Familie. Beides kann auseinanderdriften. Umso wichtiger, wenn wir unsere Bereitschaft erhalten, für jeden Menschen geöffnet zu bleiben, und in der Lage sind, weiterhin Kontakte zu knüpfen. Die familiäre Struktur in den Freundes- und Bekanntenkreis mit hinauszutragen bleibt unbezahlbar. Wir alle leisten jeden Tag einen Beitrag dazu, dass

andere sich in unserem Beisein wohlfühlen. Wir erzählen uns einander, was uns im Alltag bewegt, und schenken dadurch Vertrauen, Harmonie, Liebe und Freude. Dieses Bedürfnis wird es sein, was uns von der Technologie in der Zukunft unterscheidet. Unvorstellbar, dass die künstliche Intelligenz beieinandersitzt und sich Witze erzählen wird, geschweige denn, dass diese beispielsweise den Tod seinesgleichen betrauert. Unser Bedürfnis, Gefühle nicht nur zu fühlen, sondern miteinander zu teilen, vereint uns mit anderen Lebewesen und unterscheidet uns von der Technologie.

Martin Kind

Martin Kind lernte ich zum ersten Mal im Interview direkt kennen. Bis dahin kannte ich ihn über die Medien und über die Erzählungen meines Vaters. Mein Vater ist sein Cousin.

Interview mit Martin Kind

Als ich im Betriebsgebäude Hörgeräte Kind von Martin Kind begrüßt wurde, durfte ich gleich feststellen, dass sich unsere Auffassungen vom Weihnachtsfest sehr ähnelten. Im Büro stellte ich mich kurz vor und wollte bei der Gelegenheit ein Präsent übergeben. Doch Martin Kind winkte ab. Nach 77 Jahren Weihnachtsfesten sei das alles doch nicht mehr nötig.

Auf meine Frage hin, ob er einen Glaubenssatz zum Thema Geld habe, antwortete Martin Kind: „Geld ist immer mit einer hohen Verantwortung verbunden. Geld muss man sich verdienen und dann zielgerichtet und effizient einsetzen. Rein wirtschaftlich und kaufmännisch gedacht."

Mit seinen 77 Jahren gehört Martin Kind zu der Nachkriegsgeneration. Die wirtschaftliche Lage war schwierig und angespannt. Geld war nicht ausreichend vorhanden. Die Kartoffeln wurden gegen Geld getauscht. Und so lernte er, dass Geld ein werthaltiges Gut ist, mit dem sorgsam und bewusst umzugehen ist.

Sein Vater, der keine Ausbildung hatte, eröffnete einen Fotoladen, um seine Familie mit dem daraus erzielten Einkommen zu ernähren. Der Fotoladen lief nicht so erfolgreich und so eröffnete der Vater ein anderes Unternehmen. Einen kaufmännischen Wachstumsgedanken hegte sein Vater mit seinen Unternehmen nicht. Die Nachkriegsgeneration musste aus dem Nichts überleben und aus der Not heraus wurden Unternehmen gegründet. Dieser Generation gilt der Dank, dass sie aus dieser schrecklichen Zeit unsere Zukunft hinaus erbaut haben.

Martin Kind lernte nach seinem Abitur zwei Ausbildungsberufe, im kaufmännischen und technischen Bereich, beim Unternehmen Siemens. Relativ jung, mit ungefähr 24 Jahren, machte er sich selbstständig. Das war der Beginn seiner unternehmerischen Berufslaufbahn. „Ich wusste immer, was ich wollte, welche Ziele ich habe, und es ist wichtig, zu wissen, was man nicht will. Ich hatte nicht den Gedanken, mit meiner Selbstständigkeit ein Einkommen zu erzielen. Ich wollte ein vernünftiges Unternehmen aufbauen, die Gewinne thesaurieren, um Innovationen und Entwicklungen voranzutreiben."

Das aufgebaute Vermögen ist ein theoretischer Wert und nicht auf dem Konto. Ein Unternehmen sollte immer hohe Gewinne erzielen und den Prozessen des Wachstums folgen. Dies trägt zu einem Mehrwert für die Gesellschaft bei, indem

Mitarbeiter ihre Familien durch ihren Verdienst ernähren können.

Martin Kind geht es um den Aufbau und um den Erhalt des Unternehmens sowie der Weiterentwicklung. Damals hatte er mit zwei Mitarbeitern begonnen und mittlerweile sind es 4000 Mitarbeiter und deren Familie, die durch das Bestehen des Unternehmens versorgt sind.

Privat gibt Martin Kind, wie er selbst sagt, wenig Geld aus. Es ist für ihn unvorstellbar, wenn er davon lese, dass manche, die Geld geerbt haben, nichts mehr tun und sich zurücklehnen. Er selbst hat in seinem Umkreis keine solcher Menschen.

Für Martin Kind ist es wertvoll, eine Arbeit zu haben, bei der man kreativ gestalten kann und entscheiden darf. „Wirtschaftlich gedacht“, fügt Martin Kind hinzu. „Natürlich ist es einfach, wenn man ausreichend Geld besitzt, zu sagen, dass Geld nicht alles ist. Mit Geld ist das Leben schön und sorglos.“

Ich erwähne dazu, dass ich finanziell auf ein höheres Einkommen verzichte und meine Freizeit der Familie, aber auch dem Ehrenamt widme. Allein die letzten drei Jahre im Ehrenamt haben einen Gewinn in die Gesellschaft gebracht, allerdings keinen persönlichen finanziellen Gewinn.

Martin Kind stimmt zu und ist der Meinung, dass das Ehrenamt viel mehr gefördert werden müsse.

Ich fragte ihn, was ihn und andere zum Erfolg bringen könnte.

„Eine gute Ausbildung, gute Vorgesetzte, die ein gutes Vorbild sind.“ Er habe Glück gehabt, dass ihn die richtigen Leute gefördert haben. Er habe auch immer viel nachgedacht und seine Ziele verfolgt. Mit zwei Mitarbeitern hatte er begonnen. Konsequent hat er alles seinen Zielen untergeordnet. Mit Freude und Leidenschaft führt er bis heute, mit 77 Jahren, sein Unternehmen. „Man muss seine eigene Rolle erkennen. Ich gestalte gerne, ich entwickle gerne und ich lerne jeden Tag mit Freude hinzu. Wichtig ist, dass man sich entscheiden kann, und ich kann mich entscheiden. Die Ausfallquote ist gering und ich habe Glück gehabt. Meine Mitarbeiter sind motiviert, gehen gerne zur Arbeit. Wir haben tolle Strukturen und im Unternehmen geht es harmonisch zu.“

Ich fragte Herrn Kind, ob er gerne schenkt oder gerne Geschenke erhält.

„Nein, das macht meine Frau. Ich sage immer, der Weihnachtsmann ist der beste Kaufmann. Ich möchte nicht auf irgendwelche Feiertage warten, wenn ich jemanden beschenken möchte.“

Zuletzt frage ich Herrn Kind, ob er bedingungslos geliebt wurde. Denn ich gehe davon aus, dass ein gewisser Mangel an Liebe Sehnsüchte und Bedürfnisse erzeugt, die durch späteren Konsum gelindert werden sollen.

„Ich möchte es so beantworten, in den ersten 10 bis 15 Lebensjahren werden wichtige Weichen gestellt, auch im Umgang mit Geld. Die Eltern sind ein Vorbild. Und trotzdem darf man sich seiner Eigenverantwortung bewusst sein. Mein Großvater, der war wirklicher Kaufmann, mein Vater allerdings nicht. Man wird mit dem Gen geboren. Als Schüler hatte ich bereits gewusst, was ich will, und deshalb meine kaufmännische und technische Ausbildung gemacht. Das Fundament ist die Theorie, aber die Kunst liegt im Spagat zwischen Theorie und praktischer Anwendung. Zwischen dem nicht zu groß zu denken, aber auch nicht zu klein."

Resümee des Interviews mit Martin Kind

„Geld ist immer mit einer hohen Verantwortung verbunden."

Ein bereits vorhandenes Vermögen, welches selbst erarbeitet oder auch vererbt wurde, will erhalten werden. Das gilt nicht nur für Vermögen als solches, sondern für Besitztümer generell. Alles, was uns an Werten umgibt, sollte die Aufmerksamkeit der Erhaltung bekommen. Ersatzanschaffungen für bereits besessene Güter sorgen immer für die nächsten Investitionen und Kosten. Dabei ist nicht von Verbrauchs- oder Gebrauchsgütern die Rede. Gewisse Gegenstände haben eben nur eine gewisse Lebensdauer. Gewiss ist eines, dass viele Besitztümer viel Aufmerksamkeit an Pflege und Reparaturbedarf nach sich ziehen. Solche Dienstleistungen sind ebenfalls mit Kosten verbunden. Kurzum, viel Vermögen bedeutet eben auch viel Zeit- und Kostenaufwand hinsichtlich der Erhaltung. Vermögen verpflichtet.

„Geld muss man sich verdienen und dann zielgerichtet und effizient einsetzen."
„Geld muss man sich verdienen." Damit kann auch gemeint sein, sich dem Besitz von Geld als würdig zu erweisen. Der erfolgreiche, vermögensbildende Umgang mit Geld setzt voraus, dass sich dazu Gedanken gemacht und Wissen sowie Erfahrungen dazu angeeignet werden müssen. Da das Geld erst zu einem fließt, wenn dafür gearbeitet worden ist, unabhängig, ob leicht oder schwer, ob mit viel oder wenig Erfolg. Es ist logisch, sich Gedanken darüber zu machen, wie nun das Geld am besten wirken kann. Wie es sich idealerweise zukünftig auch bezahlt macht beziehungsweise gewinnbringend angelegt oder investiert werden kann.

„Geld ist ein werthaltiges Gut."
Das Geld kann zu einem leicht, aber weniger schnell, fließen. Je nachdem wie die persönlichen Geldströme dauerhaft verankert wurden. Geld ist eine Ersatzleistung für geleistete Arbeit, ein glückliches Händchen von Investitionen oder Gaben von lieben Personen. Aus welcher Richtung Geld zu einem fließt, ist nicht von Relevanz, sondern der

Umgang mit diesem. Insbesondere dann, wenn das Bewusstsein für die Herkunft des Geldes geschärft ist. Die Zielrichtung beziehungsweise die angedachte Fließrichtung des Geldes bringt selbstverständlich ein Verantwortungsbewusstsein für dasselbe.

Geld ist ein werthaltiges Gut, das Wertschätzung fordert, um wertvoll zu sein.*

„Ich wusste immer, was ich wollte, welche Ziele ich habe und es ist wichtig zu wissen, was man nicht will. Ohne Ziel fehlt die Kraft, die Motivation, das Durchhaltevermögen und der Ehrgeiz, seine Entscheidungen und seine Zeit dem Ziel unterzuordnen. Im Außen gibt es genügend Ablenkungen, die noch so vielen ehrenwerten Zielen schnell über den Haufen werfen, weil alles andere eben bequemer und verlockender ist als der erste Schritt zum Handeln. Ein Vorhaben allein reicht, es bedarf eines „Antriebsmotors“, der unaufhörlich nach vorne Richtung Zielmarker schiebt.

„Eine wertvolle Arbeit zu haben, bei der man kreativ gestalten kann und entscheiden darf.“

Ausschließlich auf Anweisungen, Regeln und Zielvorgaben anderer zu agieren, ist, wie automatisch auf Knopfdruck zu funktionieren. Dass das der Natur des Menschen widerstreben muss, ist nur allzu logisch. Wir Menschen sind eben schaffende und schöpferische Wesen, deren Ziele der eigene Fortbestand und die kontinuierliche Anpassung sind. Um das zu gewährleisten, bedarf es der ständigen Entwicklung, die je nach Dringlichkeit behutsam, aber auch rasant geschehen darf. Genauso ist unerlässlich, sich selbst dabei zu erkennen und auf seinen eigenen Ruf zu hören.

„Man muss seine eigene Rolle erkennen."
Es genügt im Leben nicht, sich zu unterwerfen, um größere Kollateralschäden zu vermeiden. Stillstand heißt Stillstand. Wenn wir Bewegung und Veränderungen ersehnen, ist es unerlässlich, sich zu bewegen und zu verändern.

Eine Sammlung von Zitaten, mit stärkenden Impulsen

1. Am meisten fühlt man sich von der Wahrheit getroffen, die man sich selbst verheimlichen wollte. Friedl Beutelrock
2. Es kommt niemals darauf an, was wir vom Leben zu erwarten haben, vielmehr lediglich darauf, was das Leben von uns erwartet. Viktor Frankl
3. Deine Vergangenheit ist nicht gleich deine Zukunft. Tony Robbins
4. Ich hoffe, dass jeder einmal reich und berühmt werden kann und dann alles hat, sodass er erkennt, dass dies nicht die Antwort ist. Jim Carrey
5. Eine Investition in Wissen bringt immer noch die besten Zinsen. Benjamin Franklin
6. Ich habe keine besondere Begabung, sondern bin nur leidenschaftlich neugierig. Albert Einstein
7. Das einzig lebenswerte Abenteuer kann für den modernen Menschen nur noch innen zu finden sein. Carl Gustav Jung
8. Wir wissen, dass wir unserer wahren Mission auf Erden nah sind, wenn unser Tun von der Energie der Begeisterung durchdrungen ist. Paulo Coelho

9. Für einen, der nicht weiß, nach welchem Hafen er steuern will, gibt es keinen günstigen Wind. Seneca
10. Wie du am Ende deines Lebens wünschst, gelebt zu haben, so kannst du jetzt schon leben. Marcus Aurelius
11. Ich kann Misserfolg akzeptieren, keiner ist perfekt. Aber was ich nicht akzeptieren kann, ist, es nicht zu versuchen. Michael Jordan
12. Alle meine besten Entscheidungen wurden mit Herz, Intuition und Bauchgefühl getroffen und nicht mit Analyse. Jeff Bezos
13. Die Angst vor dem Tod folgt aus der Angst vor dem Leben. Ein Mann, der vollständig lebt, ist jederzeit bereit zu sterben. Mark Twain
14. Die Unfähigkeit, die mystische Erfahrung als solche anzuerkennen, ist mehr als eine intellektuelle Beschränkung. Mangel an Bewusstsein der grundlegenden Einheit von Organismus und Umwelt ist eine ernsthafte und gefährliche Halluzination. Alan Watts
15. Die Kunst des Ausruhens ist ein Teil der Kunst des Arbeitens. John Steinbeck
16. Wir sehen die Dinge nicht, wie sie sind, wir sehen sie so, wie wir sind. Ananis Nin
17. Wir sind ausgehungert nach Liebe! Maxim Mankevich
18. Manche Menschen machen den großen Fehler, sich selbst ein Interesse aufzwingen zu wollen.

Du suchst dir deine Leidenschaft nicht aus. Deine Leidenschaft wählt dich. Jeff Bezos

19. Das seltsame Paradoxon ist, dass, wenn ich mich so akzeptiere, wie ich bin, ich die Möglichkeit erlange, mich zu verändern. Carl Roger
20. Die Zukunft hat viele Namen: Für Schwache ist sie das Unerreichbare, für die Furchtsamen das Unbekannte, für die Mutigen die Chance. Victor Hugo
21. Alles, was der Verstand des Menschen erdenken und glauben kann, das kann er auch erreichen. Napoleon Hill
22. Die Liebe ist nicht nur ein Gefühl; sie ist eine Kunst. Und wie bei jeder Kunst reicht nicht allein die Inspiration, es ist viel Arbeit von Nöten. Paulo Coelho
23. Ich habe mehr als 9.000 Würfe verfehlt. Ich habe fast 300 Spiele verloren. 26 Mal wurde mir der entscheidende Wurf anvertraut und ich verfehlte. Ich habe immer wieder Fehler gemacht. Und deshalb bin ich erfolgreich. (Michael Jordan)
24. Durch Unentschlossenheit geht mehr verloren als durch eine falsche Entscheidung. Marcus Thullius Cicero
25. Handlungsintelligenz ist die Währung unserer heutigen Zeit. Maxim Mankevich

26. Das Geheimnis des Lebens ist kein Problem, das gelöst werden kann, sondern eine Realität, die erfahren werden muss. Alan Watts.
27. Beurteile einen Tag nicht nach den Früchten, die du geerntet hast, sondern an den Samen, die du gesät hast. Robert Luis Stevenson
28. Der Mensch ist dazu geboren, Großes zu leisten, wenn er versteht, sich selbst zu besiegen. Bruce Lee.
29. Wer Großes versucht, ist bewundernswert, auch wenn er fällt. Seneca
30. Nicht die Glücklichen sind dankbar. Es sind die Dankbaren, die glücklich sind. Sir Francis Bacon
31. Wir wissen zu viel und fühlen zu wenig. Zumindest spüren wir zu wenig von jenen schöpferischen Emotionen, aus denen ein sinnvolles Leben entspringt. Bertrand Russell.
32. Das Glück des Lebens besteht nicht darin, wenig oder keine Schwierigkeiten zu haben, sondern sie alle siegreich und glorreich zu überwinden. Carl Hilty
33. Weder der erhabene Grad an Intelligenz oder Fantasie noch beides führt dazu, dass man ein Genie wird. Liebe, Liebe, Liebe, das ist die Seele des Genies. Wolfgang Amadeus Mozart.
34. Eine schmerzvolle Vergangenheit ist oftmals ein zukünftiger Auftrag, anderen Menschen in

ähnlichen Situationen, den Weg aus dem Leid zu weisen. Maxim Mankevich

35. Der Anfang ist die Hälfte des Ganzen. Aristoteles
36. Wer einmal sich selbst gefunden, kann nichts auf dieser Welt mehr verlieren. Stefan Zweig
37. Glück ist eine Entscheidung, nicht eine Erfahrung. Ihr könnt euch dazu entscheiden, ohne das, was ihr zu brauchen meint, glücklich zu sein, und ihr werdet es sein. Neale Donald Walsh
38. Frieden in deinem Herzen kommt erst dann, wenn du deine Verbindung zum Universum begreifst. Maxim Mankevich
39. Furcht besiegt mehr Menschen als irgendetwas anderes auf der Welt. Ralph Waldo Emerson
40. Das schlimmste in allen Dingen ist die Unentschlossenheit. Napoleon
41. Viele sind hartnäckig in Bezug auf den einmal eingeschlagenen Weg, wenige in Bezug auf das Ziel. Friedrich Nietzsche
42. Im Leben geht es nicht darum, sich selbst zu finden. Im Leben geht es darum, sich selbst zu erschaffen. George Bernard Shaw
43. Nie ist jemand durch Geben arm geworden. Anne Frank
44. Wer nicht mutig genug ist, Risiken einzugehen, wird es im Leben zu nichts bringen. Muhammed Ali

45. Wer die Freiheit aufgibt, um Sicherheit zu gewinnen, wird am Ende beides verlieren. Benjamin Franklin
46. Wer dem Geld eine sinnhafte Bestimmung gibt, wird sich vor lauter Glück nicht mehr retten können. Lass dein Geld immer im Fluss sein und du wirst glücklich sein. Monika Wenn
47. Mit Glauben allein kann man sehr wenig tun, aber ohne ihn gar nichts. Samuel Butler
48. Wenn du nicht an dich glaubst, wird es niemand für dich tun. Kobe Bryant
49. Wir lesen jeden Tag Bücher, um herauszufinden, wie man so wie eine andere Person werden kann. Was wir nicht tun, ist, in uns zu gehen und unsere Geschichte zu lesen. Du musst nach innen schauen, um herauszufinden, was du wirklich willst. David Goggins.
50. Das Glück deines Lebens hängt von der Qualität deiner Gedanken ab. Bewache sie daher entsprechend und kümmere dich darum, dass du keine Gedanken hegst, die nicht tugendlicher oder vernünftiger Natur sind. Marcus Aurelius.
51. Wenn ich loslasse, was ich bin, werde ich, was ich sein könnte. Wenn ich loslasse, was ich habe, bekomme ich, was ich brauche. Lao Tse
52. Ich verstehe nicht, warum manche Menschen sich darüber aufregen, wenn sie Ablehnung erfahren. Dir wurde doch etwas Gutes getan, da

Deine Zeit nicht verschwendet wurde. Keanu Reeves

53. Freiheit bedeutet Verantwortlichkeit; das ist der Grund, weshalb die meisten Menschen sich vor ihr fürchten. George Bernard Shaw
54. Die Erfahrung lehrt uns, dass Liebe nicht darin besteht, dass man einander ansieht, sondern dass man gemeinsam in die gleiche Richtung blickt. Antoine de Saint-Exupéry
55. Es gibt ein altes Sprichwort, das sagt: Job ist ein Akronym für „Just over broke" – gerade noch an der Pleite vorbei. – Zitat: Robert T. Kiyosaki
56. Ich habe nicht versagt. Ich habe einige Wege gefunden, wie etwas nicht funktioniert. Thomas A. Edison
57. Furcht besiegt mehr Menschen als irgendetwas anderes auf der Welt. Ralph Waldo Emerson.
58. Wenn Liebe bedeutet, jemanden oder etwas zu besitzen, dann ist das nicht wirklich Liebe. Wenn Liebe bedeutet, sich selbst zu geben, eins mit allem, eins mit der Menschheit zu werden, dann ist das wirklich Liebe. Sri Chinmoy.
59. Wenn es dir nicht gefällt, wie die Dinge sind: Beweg dich! Du bist kein Baum. Jim Rohn.
60. Wir wissen zu viel und fühlen zu wenig. Zumindest spüren wir zu wenig von jenen schöpferischen Emotionen, aus denen ein sinnvolles Leben entspringt. Bertrand Russell.

61. Durch Unentschlossenheit geht mehr verloren als durch eine falsche Entscheidung. Marcus Thullius Cicero
62. Das seltsame Paradoxon ist, dass, wenn ich mich so akzeptiere, wie ich bin, ich die Möglichkeit erlange, mich zu verändern. Carl Roger
63. Wie du am Ende deines Lebens wünschst, gelebt zu haben, so kannst du jetzt schon leben. Marcus Aurelius
64. Das Universum gibt uns nur das, was wir unserer eigenen Überzeugung nach verdient haben. Dr. Joe Dispenza
65. Liebe ist nicht das was man erwartet zu bekommen, sondern das was man bereit ist zu geben. Konfuzius
66. Ich nehme an, meine Formel könnte lauten: Traum, Abwechslung und niemals den richtigen Blickwinkel verpassen. Walt Disney
67. Es ist nicht schwer, Menschen zu finden, die mit 60 Jahren zehnmal so reich sind, als sie es mit 20 waren. Aber nicht einer von ihnen behauptet, er sei zehnmal so glücklich. George Bernard Shaw
68. Das Geheimnis des Erfolges ist es, gewöhnliche Dinge ungewöhnlich gut zu machen. John D. Rockefeller.
69. Glück ist Selbstgenügsamkeit. Aristoles
70. Das wichtigste Investment, welches du tätigen kannst, ist in Dich selbst. Warren Buffet

71. Das einzig lebenswerte Abenteuer kann für den modernen Menschen nur noch innen zu finden sein. Carl Gustav Jung
72. Es kommt für jeden der Augenblick der Wahl und der Entscheidung: Ob er sein eigenes Leben führen will, ein höchst persönliches Leben in tiefster Fülle, oder ob er sich zu jenem falschen, seichten, erniedrigenden Dasein entschließen soll, dass die Heuchelei der Welt von ihm begehrt. Oscar Wilde
73. Der ziellose Mensch erleidet sein Schicksal, der zielbewusste gestaltet es. Immanuel Kant
74. Die Unfähigkeit, die mystische Erfahrung als solche anzuerkennen, ist mehr als eine intellektuelle Beschränkung. Mangel an Bewusstsein der grundlegenden Einheit von Organismus und Umwelt ist eine ernsthafte und gefährliche Halluzination. Alan Watts

Schlusswort

Ich hoffe, ich konnte dir dabei helfen, das Thema Erfolg, Glück und Reichtum, etwas genauer zu durchleuchten, andere Perspektiven in Betracht zu ziehen und kennenzulernen. Das Auflösen von Glaubenssätzen und das Kennenlernen von neuen Glaubenssätzen ist ein bedeutsamer und heilsamer Schritt. Nichts ist prägender als das persönliche Umfeld und die gesellschaftliche Struktur sowie die Kultur. Je eher du gewisse Gesetzmäßigkeiten des Kosmos anerkennst und dich mit der Geschichte der Menschheit beschäftigst, desto eher lernst und verstehst du, warum du so bist, wie du bist: ein bedeutsames und wundervolles Wesen, Gattung Mensch. Beschäftige dich mit den Genies dieser Welt und du wirst deine Rolle in diesem Leben erkennen.

Auf allen Ebenen und Positionen, die wir im Leben füllen und ausleben, können die im Buch beschriebene Methoden angewendet werden. Die entscheidendste Frage im Prozess der Veränderungen mit Handlungsimpuls ist die Frage: Wo will ich hin und was hindert mich daran? Der Weg der Veränderung entsteht aus dem Leiden. Ist ein Mensch an einem Punkt, wo es nicht weitergeht, dann darf dieser sich entscheiden, sich lebendig einzusargen und für immer zu schweigen, oder er entscheidet sich für das Leben. Damit wird ein solcher Mensch, der aus der gesellschaftlichen Gefügigkeit aussteigt, sich hinein die Eigenverantwortung begibt, unbequem und zum vorübergehenden Einsiedler. Das Umfeld wird sich verändern und neue Mitspieler, Gleichgesinnte, betreten das persönlich veränderte Spielfeld.

Das Leben ist gleichsam ein Spiel und Bühnenstück, begleitet von Freude bis hin zu Drama. Dies abzustreiten ist so, als würde der Fluss des Lebens geleugnet werden. Das Leben folgt Spielregeln. Den Spielregeln anderer und den eigenen. Jeden Tag darf jeder entscheiden, welches Spiel dieser nun spielen will.

Kurzum, nur du kannst deine persönliche Situation verändern, wenn du das auch willst. Viele Leute habe ich schon von ihren Träumen und Versionen reden hören. Aber eben auch nur reden hören. Gehandelt haben Wenige. Und diese wenigen wurden dann auch noch belächelt und erfuhren viel Gegenwind. In unserer heutigen Gesellschaft überwiegen die Bequemlichkeit und die Gewohnheiten. Ein äußerst ungesunder Mix für die Weiterentwicklung der eigenen Handlungsintelligenz, geschweige denn der emotionalen Intelligenz. Weder das eine noch das andere ist das Nonplusultra. Es ist immer das Ganzheitliche zu betrachten und zu begreifen.

An alle Mitwirkenden ein herzliches Dankeschön!

Es ist mir eine große Ehre, dass sich alle Beteiligten damit einverstanden erklärt haben, dass die Interviews, Songtexte und Zitate hier in diesem Buch verwendet werden dürfen! Dies ist nicht selbstverständlich! Ich bedanke mich zutiefst für das entgegengebrachte Vertrauen und für den gemeinsamen Austausch, mit:

Lars Dietrichkeit, Hermann Kempf, Erbprinz Heinrich-Donatus zu Schaumburg-Lippe, Fürst Alexander zu Schaumburg-Lippe, Hannes Kohlenberg, Dagmar und Jörg Gregel, Martin Kind und Patrick Kammerer.

Mein herzlicher Dank gilt auch an Kirstin Geißler, die die orthografische und inhaltliche Überprüfung dieses Buches übernommen hat.

In unendlicher Dankbarkeit
Eure
Monika

Ein redaktioneller und entscheidender Hinweis zuallerletzt:

Die Interviews wurden zu einem Zeitpunkt durchgeführt, wo das Thema klar definiert war, aber die Inhalte als solches noch nicht fixiert waren. Allein die Idee, über das persönliche Geld-Mindset zu sprechen und zu philosophieren, führte zum Ziel und zu einem Ergebnis. Meine persönlichen Ansichten spiegeln nicht zwangsläufig einhundertprozentig die Meinungen, die persönliche Lebenseinstellung und Haltung oder Positionen der Interviewten wider. Allerdings gibt es gewisse Parallelen, die sich auf Grund der persönlich, erlebten Erfahrungen im Ansatz gleichen.

30 Übungen zum Thema „Deine Haltung zum Geld“

Deine Haltung und deine Einstellung zu Geld.

Bevor du das Buch anfängst zu lesen, möchte ich dich bitten deine Haltung und deine Einstellung zu Geld. Hier ein paar Fragen, die ein Leitfaden für dich sein könnten.

- ✓ Kannst du mit Geld gut umgehen?
- ✓ Was verbindest du mit Reichtum?
- ✓ Kannst du Geld annehmen?
- ✓ Fühlst du dich reich?
- ✓ Kennst du reiche Menschen?
- ✓ Was würdest du tun, wenn du reich bist?
- ✓ Fühlst du dich unwohl, bei dem Gedanken viel Geld zu besitzen?
- ✓ Wer ist dein Vorbild in Bezug auf Reichtum?
- ✓ Kannst du Geschenke annehmen?
- ✓ Kannst du selbst großartige Geschenke verschenken?
- ✓ Schenkst du nur zu bestimmten Anlässen?

1. Übung: Geld-Mindfucks (Glaubenssätze mit negativer Behaftung).

Hier kannst du deine Glaubenssätze aufschreiben, die dich im Leben zum Thema und Geld und Erfolg begleiten. Deine Glaubenssätze dürfen auch gerne positiv sein.

Deine Glaubenssätze zum Thema Geld und Erfolg:

2. Übung: Arbeiten nach „The Work“ mit Byron Katie.

Diese Übung kannst du auf all Deine Bereiche und Themen anwenden. Zu jeder Lebenssituation hast du die Möglichkeit mit diesen Fragen, deine anhaftenden Gedanken zu entlarven und dein Muster zu durchbrechen:

1. Ist das wahr? (Ja oder nein. Bei nein gehe zu Frage 3.)
2. Kannst du mit absoluter Sicherheit wissen, dass das wahr ist? (Ja oder nein.)
3. Wie reagierst du, was passiert, wenn du diesen Gedanken glaubst?
4. Wer wärst du ohne den Gedanken?

   Ich erzähle dir von einem Beispiel. Jemand behauptet, ich wäre einfältig. Ich frage mich, ob das wahr wäre. Meine Antwort ist: vielleicht. Meine zweite Frage, die ich mir selbst stelle: Kann ich mit absoluter Sicherheit wissen, dass das wahr ist? Nein. Wie reagiere ich, was passiert, wenn ich diesem Gedanken glaube? Ich wäre mit großer Wahrscheinlichkeit eine einfältige Person. Wer wäre ich ohne diesen Gedanken? ICH. Ich, mit all meiner Empathie und Neugier auf das, was passiert. Ein herzensguter und offener Mensch. Warum sollte ich nun nicht auf das hören, was ich spüre? Ich bin der einzige Mensch, der mein ICH kennt. Ich bin in

Liebe mit mir selbst und vertraue hier an dieser Stelle mir.

3. Übung: Schreibe hier deine Glaubenssätze auf, und gehe nach dem Prinzip von Byron Katie vor.

4. Übung: Schreib doch hier mal deine Lieblingsfilme- und Songs auf.

Vielleicht findest du schon hier ein Indiz für ein gutes oder schlechtes Geld-Mindset, welches sich in dein Unterbewusstsein manifestiert hat.

An dieser Stelle zu einer anderen Frage:

Welcher Job, welche Arbeit, welche Idee, würde dich denn zum Millionär*in machen?

Schreibe auf:

In diesem Kapitel möchte ich mir dir ergründen, warum dir Reichtum wichtig. Beantworte zunächst folgende Frage:

5. Übung: Wie viel Geld möchtest du in deinem Leben verdienen? Schreibe hier eine konkrete Summe auf.

6. Welche Mängel hast du in deinem Leben bereits erfahren und welche sind noch vorhanden?

7. Wonach sehnst du dich in deinem Leben?

8. Übung: Wie tröstest du dich hinsichtlich deiner Sehnsüchte?

Notiere in den darauffolgenden Zeilen, was deine Sehnsüchte tröstet bzw. wie du dir deine Sehnsüchte erfüllst.

Nutze also folgende Vorgehensweise bei deinen Süchten: Frage dich Folgendes:

1. Was bewirkt die Situation bei mir?
2. Welche Angst oder Sorge ist unterschwellig zu spüren?
3. Was würde mir die Erfüllung dieser Sehnsucht bringen?
4. Setzte dir ein konkretes Datum, wann du diese Sehnsucht erfüllen möchtest.

9. Übung: Was würde dir die Erfüllung der Sehnsucht bringen?

Nimm dir die Zeit, hier aufzuschreiben, was du mit einem Lottogewinn alles machen würdest und wie es dein Leben verändern sollte. Dann wende die Methode „The Work“ von Byron Katie an und entscheide, ob du nicht bereits jetzt wie ein Gewinner leben und agieren kannst.

10. Wenn ich im Lotto gewinne, dann würde ich:

11. Übung: Dein Vertrauenstest.
Vertraust du dir? Auf einer Skala 1 bis 10.

Was liebst du wirklich?

Was willst du wirklich?

Musst du oder willst du?

Was ist dein Lebensauftrag?

12. Übung: Welches sind also deine Schattenkinder/Schmerzkörper? Schmerzthemen sind solche, wo du die Kontrolle über dich selbst verlierst und schnell wütend wirst.

13. Übung: Deine positiven Investitionen in die Nachhaltigkeit der Zukunft.

14. Übung: Mit welcher Motivation schenkst du? Was bedeutet für dich schenken?

Wie reagierst du, wenn die beschenkte Person sich nicht an deinem Geschenk erfreut?

Emfindest du es selbst als wichtig, Geschenke zu bekommen?

Was bedeutet es für dich, ein Geschenk zu bekommen?

15. Übung: Welche Menschen umgeben dich gerade und welche Einstellung haben diese zum Geld verdienen?

16. Übung: „Was will ich eigentlich?“ „Was möchte ich dafür tun?“ „Und wie komme ich konkret dahin.“

Hier ist Platz für deine Entscheidungen

Viele sind hartnäckig in Bezug auf den einmal eingeschlagenen Weg, wenige in Bezug auf das Ziel. Friedrich Nietzsche.

17. Übung: Welche Bedürfnisse sind für dich wichtig?

18. Welche Bedürfnisse erfüllst du dir?
Da du nun weißt, dass deine wichtigste und elementarste Investition du selbst bist, nimm dir die Zeit zu notieren, wie du dein Körper und Geist in Richtung Glück, Erfolg und Reichtum stimulierst.

19. Übung: Deine Investition in dich selbst.
Körper:

Geist:

Seele:

20. Übung: Wer sind deine Vorbilder?

21. Übung: Was macht deine Vorbilder so besonders?

Hier ist Platz für:
22. Übung: Deine Ziele, dessen Erfolg du dir wünscht.

23. Übung: Wie wirst du deine(n) Erfolg(e) erreichen?

24. Übung: Wann wirst du deine(n) Erfolg(e) erreichen?

25. Übung: Warum sind die Erfolge dir wichtig?

26. Übung: Deine positiven Investitionen.

27. Übung: Lerne über dich selbst.
Um Geschichte zu schreiben, solltest du zunächst deine eigene Geschichte kennen. Du solltest wissen, wie du funktionierst.
Welche sind deine Charaktereigenschaften?

Welche Stärken können dich zum Erfolg bringen?

Wie ist aktuell dein Umfeld zusammengesetzt?

Welche Menschen tummeln sich in deiner Nähe, die dich weiterbringen könnten?

Wer sind deine Vorbilder?

Warum sind diese deine Vorbilder?

Wann wächst du über deine Fähigkeiten hinaus?

Bist du strebsam?

Bist du ehrgeizig?

Lässt du dich schnell unterbuttern?

Welche Situationen begegnen dir regelmäßig?

Was ziehst du magisch an?

Wann hast du Glück?

Welche Menschen bauen dich auf und mit welchen Menschen streitest du?

Welche Menschen ziehen dir Energie ab und machen dich müde?

Wie geht es dir gerade jetzt?

Was stimmt dich traurig?

Was macht dich glücklich?

Welche Gegenstände umgeben dich?

Welche Besitztümer horten sich um dich?

Wofür gibst du dein Geld aus?

Wie sieht dein Kontostand aus?

Wie sieht dein Berufsweg aus?

Bist du glücklich in deinem Beruf?

Bist du grundsätzlich traurig?

Oder bist du grundsätzlich glücklich?

Wo lebst du gerade?

Was willst du verbessern?

Was willst du im Leben er-Reich-en?

28. Übung: „Das tut mir gut!“

1.

2.

3.

4.

5.

6.

7.

8.

9.

10.

29. Übung: Schreibe hier deine Geschichte!

30. Übung: Wofür bist du dankbar?

31. Übung: Was macht dein Leben so liebenswert?